# Ab jetzt wird gekocht!
Rezepte und Haushalts-Tipps für Singles und Schnäppchenjäger

von

Luise Lupini

# Einleitung

Was und wie kocht man heute? Die Zeit wird immer weniger, das Budget auch und die Haushaltsgröße schmilzt gegen 1. Das sind ganz neue Voraussetzungen. Heute kochen Frauen wie Männer, oftmals für sich allein oder für zwei. Wir greifen alle auf Fertig- und Halbfertigprodukte zurück oder essen irgendwo und irgendwas zwischendurch. Wie kochen unter diesen Bedingungen gelingen kann, will dieses Buch zeigen.

Billig essen ist leicht. Aber billig + gesund + abwechslungsreich essen braucht schon ein wenig Fantasie. Die Zwei-Klassen-Gesellschaft der Ernährung ist bereits Realität. Tolle Rezepte für die Reichen und Nudeln für die Armen? StudentInnen kennen die Challenge, mit knappem Budget zu essen. Sie waren immer schon gefordert. Heute aber trifft es auch oft und unerwartet Arbeitslose, die sich mit wenig Geld selbst versorgen müssen. Das kann schon eine Herausforderung sein, wenn man nicht von Fertigpizza und Nudeln mit Tomatensoße leben will. Denn dann kommt zum Grundstress noch die ungesunde Ernährung und im Nu hat man 10 Kilo oder mehr zugelegt.

Dieses Koch- / Haushaltsbuch besteht den Hartz IV-Test: Essen um 150 Euro im Monat. Der Preis dafür: Zeit. Man muss planen, auf Schnäppchenjagd gehen und - KOCHEN. Viele Rezepte sind für den Ein-Personen Single-Haushalt. Bei Rezepten für 3-4 Personen - die Einfachmenge zahlt sich einfach nicht aus - lassen sich die Gerichte gut wärmen oder kalt essen. Die Rezepte sind einfach, manche etwas zeitaufwändig. Grundkenntnisse des Kochens sind hilfreich. Insgesamt sind genug Rezepte enthalten, um einen Monat gut über die Runden zu kommen. Die Haushalts- und Einkaufstipps im Buch sind Anregungen, um den Blick für gesundes Essen zu schärfen und bewusster einkaufen zu gehen. Möge die Übung gelingen.

Ihre Luise Lupini

Bibliografische Information der Deutschen Nationalbibliothek:
Die Deutsche Nationalbibliothek verzeichnet diese Publikation
in der Deutschen Nationalbibliografie; detaillierte bibliografische
Daten sind im Internet über http://dnb.dnb.de abrufbar.

©2016 Luise Lupini
Titelbild: ©blende11.photo I fotolia.com
Alle anderen Fotos: ©Luise Lupini

Herstellung und Verlag:
BoD - Books on Demand, Norderstedt
ISBN: 978-3-7412-9570-6

## INHALTSVERZEICHNIS

| | |
|---|---|
| Einleitung | 3 |
| | |
| Frühstücks-Variationen | 7 |
| Einkaufstipp Haferflocken | 10 |
| Milch und Eier - soviel Qualität muss sein! | 15 |
| Einkaufstipp Eiweiß: Schweinefleisch ist am billigsten | 16 |
| Fisch-Gerichte | 18 |
| Fleisch & Geflügel Rezepte | 24 |
| Einkaufstipp Winter-Gemüse | 58 |
| Einkaufstipp Sommer-Gemüse | 59 |
| Vegetarische oder vegane Gerichte | 60 |
| Einkaufstipp Kohlenhydrate: Reis ist am billigsten | 87 |
| Süßes für die Nerven | 88 |
| | |
| Einkaufen und Haushalten mit 5 Euro pro Tag | 100 |
| Das Monatsbudget im Detail | 101 |
| Rezeptverzeichnis, alphabetisch | 102 |
| Schluss-Gedanken | 104 |

**Mit vielen Tipps und Rezepten unter 2 Euro.**
**Insgesamt mehr als 75 Rezepte!**

## Frühstücks-Variationen

Die einen können nicht ohne Frühstück ausser Haus gehen, die anderen bringen noch keinen Bissen hinunter. Traditionell heisst es ja, Frühstücken wie ein Kaiser.... und wer kein Frühstück mag, hat eben am Abend davor zu viel gegessen.

Ich stelle hier keine Marmeladebrot-Variante vor und auch keine Grüne-Smoothies Alternative. Aber ich lege Wert darauf, dass ein nahrhaftes Frühstück mindestens 20g Eiweiß enthält, denn Protein sättigt bekanntlich. Es darf auch durchaus etwas mehr sein. Und dann biete ich ein paar Variationen an, damit für Abwechslung gesorgt ist. Dann gibt es immer noch die Möglichkeit, das Frühstück als Hauptmahlzeit zu betrachten und einfach Reste vom Vortag (Mittag oder Abend) aufzuessen. Das kann dann schon mal ein Frühstück mit Faschierten Laibchen sein und frisch in Öl angebratene Zucchini. Ich selbst mag's meist klassisch - süss mit Müsli- bzw. Breivarianten oder salzig mit Ei oder Tofu.

Die Mini-Variante für **Abnehmfreudige** besteht aus Kaffee oder Tee und einem Esslöffel Leinsamen, 40g Joghurt und ein Kaffeelöffel Honig oder Marmelade. Man schafft es so bis Mittag und freut sich, dass die Kilos purzeln.

Mehr dazu in meinem Buch: Abnehmen musst du selbst!

## Hirse Frühstück mit extra Eiweiß € 1,43
✓ vegetarisch  ✓ wärmend

486 Kalorien pro Portion
Nährstoffe: 22% Eiweiß, 33% Fett, 44% Kohlenhydrate (50,8g)

| | | |
|---|---|---|
| 40g | Bio Hirse | € 0,16 |
| 70g | 1/2 Apfel, Wunderling | € 0,07 |
| 8g | Marille-Leichtkonfitüre | € 0,03 |
| 10g | Soja-Eiweißkonz. 88, Dr. Ritter | € 0,50 |
| 20g | Leinsamen, geschrotet | € 0,09 |
| 1g | 1 Prise Zimt | € 0,05 |
| 100g | Joghurt 3,6% | € 0,18 |
| 300ml | Milchkaffee mit Vollmilch | € 0,36 |
| | **Gesamt: Kosten für 1 Portion** | **€ 1,43** |

Tipp: Vegane Variante mit Soja- oder Mandelmilch. Oder einfach nur mit Wasser. Aufpeppen kann man das Frühstück jederzeit mit geriebenen Mandeln, Kokosraspeln oder Beeren (z.B. Himbeeren tiefgefroren).

Die Hirse am Vorabend mit doppelter Menge Wasser einweichen und über Nacht quellen lassen. (spart morgens Zeit). Am nächsten Morgen mit dem Leinsamen aufkochen und fertig garen. Die übrigen Zutaten dazugeben. Fertig.
Wichtig: Eiweiß sorgt für ein lang anhaltendes Sättigungsgefühl. Daher ist ein gestrichener Esslöffel des teuren Eiweißkonzentrats von Dr. Ritter mitkalkuliert. Leinsamen enthält die zwei essentiellen Fettsäuren im richtigen Verhältnis.

## Joghurt-Samen Frühstück € 1,25
✓ Low Carb High Fat ✓ vegetarisch ✓ schnell ✓ wärmend

544 Kalorien pro Portion
Nährstoffe: 21% Eiweiß, 64% Fett, 16% Kohlenhydrate (20,1g)

| | | |
|---|---|---|
| 30g | Sonnenblumenkerne | € 0,10 |
| 20g | Leinsamen, geschrotet | € 0,09 |
| 15g | Mandeln gerieben | € 0,19 |
| 10g | Kokosraspeln | € 0,04 |
| | Prise Zimt | € 0,04 |
| 100g | Joghurt 0,1%, Clever | € 0,12 |
| 8g | Marille-Leichtkonfitüre | € 0,30 |
| 300ml | Milchkaffee mit Vollmilch | € 0,36 |
| | **Gesamt: Kosten für 1 Portion** | **€ 1,25** |

Sonnenblumenkerne in einem Topf trocken anrösten. Häufig dabei umrühren, denn sie werden schnell schwarz! Alle Zutaten in einer Müslischüssel mischen, mit Zimt bestreuen. Fertig. Zimt ist ein wärmendes Gewürz und gleicht das kühle Joghurt aus. Dazu wie immer eine große Tasse Latte.
**Variante**: Himbeeren statt Marmelade. Mit ein wenig Wasser im Topf erhitzen. 50g Himbeeren (die 500g Packung S-Budget beim Spar um € 2,49) kosten 25ct.

## Einkaufstipp Haferflocken
✓ Favorit: Bio Haferflocken von Hofer

| Preis  | Gewicht | Produkt          | Geschäft | Preis / Kg |
|--------|---------|------------------|----------|------------|
| € 2,99 | 475g    | Bauck Glutenfrei | Denn's   | € 6,29     |
| € 1,39 | 500g    | Bio Alnatura     | Billa    | € 2,78     |
| € 1,29 | 500g    | Bio Haferflocken | Hofer    | € 2,58     |
| € 0,65 | 500g    | Rupp Haferflocken| Billa    | € 1,30     |
| € 0,55 | 500g    | S-Budget         | Spar     | € 1,10     |

(Stand: Dezember 2015)

Gleich vorweg: Haferflocken waren von Natur aus glutenfrei und sind erst durch Züchtungen mit Gluten "angereichert" worden. Dafür zahlen wir heute einen mehr als 5-fachen Preis zum billigsten Angebot bzw. immer noch mehr als doppelt so viel wie für das Bioprodukt vom Hofer! Fazit: Allergiker leben teuer.

Der traditionelle Haferschleim ist seit jeher als Mittel für Magenkranke bekannt. Dass Hafer ein toller Energielieferant ist, kennen wir vom Sprichwort „dich sticht der Hafer". Haferflocken werden immer aus dem ganzen Korn gewalzt, nach einem Vorgang von Wärmebehandlung, Dämpfen und Trocknen. Hafer hat einen vergleichsweise hohen Anteil an Vitamin $B_1$ (der Energielieferant!) und einen etwa gleich hohen Anteil an Vitamin E wie Weizen und Roggen. Bemerkenswert ist auch die Senkung des Blutcholesterolgehalts, weshalb Hafer auch für Diabetiker (Typ 2) von Interesse ist.

## Haferflocken - Fortsetzung

Ökotest hat 21 Haferflockenprodukte getestet und nur 4 davon haben die Note „sehr gut" bekommen. Alle anderen haben Probleme mit Rückständen von Pestiziden und Glyphosat. Schon aus diesem Grund ist die Bevorzugung von Bio-Produkten empfehlenswert. Neu war für mich die Erkenntnis, dass Schadstoffe (Mineralöl) vielfach über die Produktion bzw. Verpackung in Nahrungsmittel eindringen. Testsieger bei den Bio-Produkten waren **Alnatura** und **Bauck** (glutenfrei). Die Testsieger der konventionellen Angebote heißen **Kölln** und **Tegut**. Aldi-Produkte (konventionell) waren immerhin gut, während die Ja! Natürlich Haferflocken von Rewe (Billa) nur ein befriedigend erzielten. Die Bio-Haferflocken von Hofer waren nicht im Test.

Haferflocken sind jedenfalls die Grundzutat jedes Müsli's, egal ob kalt im Birchermüsli, warm als Brei oder mit Honig, Öl und anderen Zutaten im Backrohr zu Granola getrocknet. Man kann sie zu Suppen, Laibchen oder Keksen verarbeiten und hat somit eine gute und gesunde Basis in der täglichen Ernährung.

Klar ist, dass man auch bei knappem Budget überlegen und entscheiden muss, wo man auf Qualität setzt und teurere Produkte wählt. Haferflocken sind für mich ein gutes Beispiel für die Wahl von Qualität. Bio ist hier durchaus drin.

## Granola Knusper-Müsli zum Selbermachen

Granola am Backblech

Das selbstgemachte Kunsper-Müsli enthält kein Lecitin für die Rieselfreudigkeit, schmeckt aber dafür umso besser. Bei den Zutaten ist man flexibel und kann es nach den eigenen Befürnissen bereiten: ob Hafer- oder Dinkelflocken, mit Mandeln oder anderen Nüssen, mit oder ohne Rosinen - alles ist möglich! Die Portion zu 100g kostet € 0,59.
Im Handel liegt der Kilopreis (z.B. bei Billa) über 7 Euro. Diese Varianten sind meist sehr süß und mit Glucose-Fructose Sirup angereichert.

| | | |
|---|---|---|
| 260g | Haferflocken, Bio (2 Tassen) | € 0,67 |
| 200g | Mandeln, ganz (1 Pkg) | € 2,49 |
| 170g | Sonnenblumenkerne (1 Tasse) | € 0,30 |
| 220g | Rosinen (1 Tasse) | € 0,79 |
| 50g | Kokosflocken | € 0,22 |
| 90g | Sonnenblumenöl (1/2 Tasse) | € 0,48 |
| 240g | Honig (1 Tasse) | € 1,44 |
| | Zimt, Nelken, Vanille | € 0,50 |
| | Gesamt: 1170g = 1,17kg | € 6,89 |
| | **Preis per Kilo** | **€ 5,89** |

Alle trockenen Zutaten mischen. Das Öl in einem großen Topf leicht erhitzen, den Honig und die trockenen Zutaten untermischen und rühren, bis alles gut durchmischt ist. Dann auf einem Backblech bei 160° ca. 30 Minuten trocknen. Mehrfach wenden.

# Frühstück mit Ei und Leinöl-Topfen € 1,72
✓ Low Carb ✓ Dr. Budwig Leinöl-Quark

477 Kalorien pro Person
Nährstoffe: 19% Eiweiß, 53% Fett, 27% Kohlenhydrate (31,4g)

| | | | |
|---|---|---|---|
| 1 | Ei (Bio) | € 0,35 | |
| 70g | Magertopfen | € 0,17 | |
| 10ml | Leinöl | € 0,12 | |
| 1 EL | Rohmilch | € 0,02 | |
| 70g | Zucchini | € 0,40 | |
| 10ml | Sonnenblumenöl | € 0,05 | |
| 40g | Roggen- Mischbrot | € 0,18 | |
| 50ml | Grapefruit-Saft | € 0,07 | (mit Wasser verdünnt) |
| 300ml | Kaffee mit Milch | € 0,36 | |
| **Gesamt: 1 Portion = Kosten** | | **€ 1,72** | |

Das Leinöl enthält die perfekte Kombination von Omega-3 und Omega-6 Fettsäuren und ist für die Zellen essentiell.
Dieses Frühstück ist sehr eiweißreich und sättigend. Mit etwas mehr Gemüse kann man auch leicht auf das Brot verzichten.

## Rührei mit Reis € 1,25 // Rührtofu € 1,25
✓ vegetarisch oder vegan (Tofu-Variante)

497 Kalorien pro Portion
Nährstoffe: 18% Eiweiß, 42% Fett, 40% Kohlenhydrate (48,6g)

| | | |
|---|---|---|
| 50g | Reis | € 0,08 |
| 2 | Eier, Bio (Hofer) | € 0,66 |
| 10ml | Olivenöl (1 EL) | € 0,08 |
| 50g | Zwiebel (1/2 Stück) | € 0,03 |
| | Salz, Pfeffer (ev. Kurkuma) | € 0,04 |
| 250ml | Milch-Kaffee | € 0,36 |
| | **Gesamt = 1 Portion** | **€ 1,25** |

Reis vom Vortag verwenden. Zwiebel in Öl glasig dünsten, Reis dazu, die verqirlten Eier unter Rühren dazugeben, würzen. Ev. mit Petersilie oder Schnittlauch bestreuen.

**Variante: Rührtofu mit Curry und Reis € 1,25**
436 Kalorien pro Portion
Nährstoffe: 20% Eiweiß, 42% Fett, 38% Kohlenhydrate (40,4g)

Diese Variante ist preisneutral, d.h. 2 Bio-Eier kosten etwa soviel wie 100g Bio-Tofu! Statt 2 Eier nehmen wir 100g Tofu, den wir mit der Hand zerbröseln und dann ebenfalls in die Pfanne geben und mitbraten. Würzen mit Curry-Pulver, Pfeffer und Salz.

## Milch und Eier - so viel Qualität muss sein!
✓ Bio-Qualität ✓ Rohmilch (auf jeden Fall ohne Homogenisierung!)

Milch ist heutzutage ein vielfach umstrittenes Lebensmittel. Manche mögen absolut keine Milch, manche vertragen sie nicht. Für Vieltrinker gilt wiederum: die best mögliche Qualität wählen. Die beste Qualität ist meiner Meinung nach Rohmilch, die jedoch mitunter schwer erhältlich und/oder auch sehr teuer ist. Eine akzeptable Alternative ist pasteurisierte, jedoch nicht homogenisierte Milch. Die gibt es im Denn's Biomarkt schon um € 1,09 in der fettarmen Variante. Die Rohmilch dagegen kostet € 2,09 - was bei mir bereits echte Empörung auslöst. Im regulären Einzelhandel wiederum bekommt man ausschließlich pasteurisierte und homogenisierte Milch. Das ist so, weil es die Kunden so wollen, habe ich vom Kundenservice beim Hofer erfahren. Na, wer's glaubt...

Eier sind eine hervorragende Eiweißquelle. Ausserdem sind sie billig und man kann sie daher großzügig in den Speiseplan einbauen. Daher sollte man gerade bei Eiern nicht bei der Qualität sparen, sondern zumeist Bio-Qualität bevorzugen. Ein Bio-Ei kostet aktuell € 0,35 (Stand: Juli 2016). Um diesen Preis bekommt man normalerweise keine Portion Fleisch. Freilandeier sind die zweitbeste Wahl. Und man kann hier ja auch abwechseln, mal Bio, mal Freiland. Und wenn man Glück hat, gibt es ab und an Aktionspreise.
Eier kann man wunderbar mit Kartoffeln oder Kichererbsen kombinieren. Das erhöht die Wertigkeit des Proteins und man kocht sehr billig damit. Bei 2 Bio-Eiern pro Mahlzeit liegt der Preisvorteil gegenüber Bio-Fleisch bei bis zu 50%

## Einkaufstipp Eiweiß: Schweinefleisch ist am billigsten
Bio-Fans essen Tofu und Eier!

  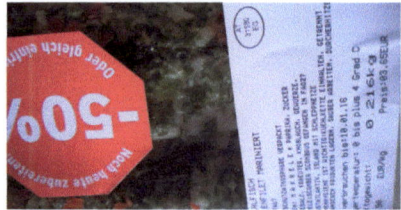

### Eiweiß-Produkte – Grundregeln für den Einkauf
- ± 100g pro Portion und Mahlzeit reichen völlig aus (enthält ca. 20g Protein)
- Der Kilopreis muss unter € 10,00 liegen, egal ob Fisch, Fleisch, Tofu ...
- Somit liegt der maximale Preis für diese Zutat unter 1 Euro
- Schnäppchenjagd: nur Rabattaktionen oder reduzierte Ware vor Ablauf kaufen!

Um Fleisch günstig einzukaufen, muss man nur regelmässig die Läden der Umgebung abklappern. Generell zählt Schweinefleisch zu den billigen Fleischsorten. Faschiertes und Gulasch-Fleisch sind klarerweise billiger als ganze Steaks, konventionelles Fleisch ist billiger als Bio-Ware. Auch Käse ist eine durchaus akzeptable Eiweißquelle. Eins sollte uns aber klar sein: „Wer verlangt, dass ein 1000-Gramm-Kotelettfleisch für 3,99 Euro zu haben ist, veranlasst Tierqual." (Karl-Ludwig Schweisfurth, Metzger). Insekten und Würmer auf dem Teller sind für die meisten noch Zukunftsmusik, aber das kommt noch.

**Wer auf Bio Wert legt, wird schnell zum Vegetarier, denn hier sind Tofu und Eier die günstigsten Angebote mit 50ct. für Tofu bzw. 70ct. für 2 Bio-Eier bzw. eine Mahlzeit.**

Beim Einkauf braucht es also eine Kombination aus Planung und Flexibilität.

# Einkaufs-Tipp Eiweiß ... Fortsetzung

Fleisch (nur) zum Aktionspreis kaufen!

## Preisspiegel

| €/kg | Nahrungsmittel | pro Portion | | Gramm Eiweiß |
|---|---|---|---|---|
| € 4,49 | Schweinsmedaillons (25% Aktion, Billa) | € 0,45 | 100g | 20,0g |
| € 4,49 | Schweinsschnitzel (Billa, Aktion) | € 0,49 | 110g | 21,0g |
| € 4,98 | Tofu, **Bio** (25% Aktion, Billa) | € 0,50 | 100g | 16,1g |
| € 4,99 | Rindsgulasch-Fleisch (Aktion) | € 0,50 | 100g | 21,0g |
| € 6,79 | Emmentaler, 750g Pkg (25% Aktion) | € 0,54 | 80g | 29,0g |
| € 5,58 | Faschiertes, gemischt (Hofer) | € 0,56 | 100g | 19,0g |
| € 11,93 | Österkron Käse (25% Aktion, Merkur) | € 0,60 | 50g | 23,0g |
| € 0,35 | Eier, **Bio** (Hofer - 10 Stück € 3,29) | € 0,70 | 2 St. | 13,0g |
| € 7,49 | Rindfleisch zum Kochen (Spar, Aktion) | € 0,75 | 100g | 22,0g |
| € 10,98 | Faschiertes, Rind, **Bio** (Hofer) | € 1,10 | 100g | 20,3g |
| € 9,94 | Gänsefilet (Merkur - 50% vor Ablauf) | € 1,16 | 115g | 15,0g |
| € 14,95 | Hirsch (Merkur - 50% vor Ablaufdatum) | € 1,50 | 100g | 22,0g |

Anmerkung: Wer immer preisbewusst einkauft, erlebt die Teuerung der Lebensmittel ganz bewusst. Da fällt sofort auf, wenn das Ei plötzlich um 2 Cent oder die Semmel um 1 Cent mehr kostet. Manch eine fragt jetzt vielleicht, was sind schon zwei Cent. Aber das summiert sich. Wenn der Einzelhandel Millionen von Semmeln verkauft, da bleibt schon was unterm Strich - für den Handel natürlich.

## Fischfilet mit Kartoffelpüree und Erbsen ab € 1,50
✓ Aktionsware kaufen!

466 Kalorien pro Portion
Nährstoffe: 24% Eiweiß, 28% Fett, 48% Kohlenhydrate (52,5g)

| | | |
|---|---|---|
| 108g | Makrelenfilet mariniert (50%+15%) | € 0,78 |
| 235g | Erdäpfel, Bio (Hofer) | € 0,31 |
| 100g | Erbsen (tiefgefroren), € 1,49/kg | € 0,15 |
| 100ml | Milch, Bio Rohmilch | € 0,10 |
| 20g | Butter, Clever | € 0,11 |
| | Salz, Muskat | € 0,05 |
| | **Gesamt: 1 Portion = Kosten** | **€ 1,50** |

Kartoffeln schälen, würfeln und in Salzwasser gar kochen. Das Wasser abgießen, etwas Milch dazugeben und zu einem Püree stampfen. Mit Muskat würzen. Die Erbsen mit Salz und etwas Butter sowie den Fisch im Damfgarer garen (funktioniert natürlich auch in Topf und Pfanne).

Alternative: Alaska Seelachs (Clever) kostet das Kilo € 5,04 in der 900 Gramm Packung. Die Bio-Erdäpfel vom Hofer gibt es in der 1,5kg Packung um € 1,99 und das Kilo Erbsen um € 1,49. Die Seelachs-Variante kommt auf € **1,27**. Und ja, manche mögen lieber Reis, das spart 20ct.

## Paella mit Meeresfrüchten und Fisch € 1,40
✓ 2 Portionen ✓ mit Blattsalat 40-50ct. extra

425kcal pro Portion
Nährstoffe: 20% Eiweiß, 33% Fett, 47% Kohlenhydrate (48g)

| | | |
|---|---|---|
| 83g | Alaska Seelachs-Filet (1 Stück) | € 0,42 |
| 100g | Meeresfrüchte-Mix, tiefgefroren | € 0,92 |
| 100g | Reis | € 0,13 |
| 85g | Zwiebel (1 Stück) | € 0,04 |
| 80g | Erbsen | € 0,12 |
| 100g | (Cocktail-)Tomaten | € 0,20 |
| 30ml | Olivenöl | € 0,15 |
| 1 St. | Zitrone (Saft) | € 0,40 |
| Salz, Pfeffer, Safran und/oder Kurkuma | | € 0,42 |
| | **Gesamt: 2 Portionen** | € 2,79 |
| | Kosten pro Portion | € 1,40 |

Meeresfrüchte und Fisch-Stücke kurz in Öl anbraten und dann aus der Pfanne nehmen. 1 EL Olivenöl in der Pfanne erhitzen und die gehackte Zwiebel darin anbraten, den Reis dazugeben und mit Wasser aufgießen. Den Safran in 1 EL heißem Wasser auflösen und zum Reis geben. Mit Salz, Pfeffer und Kurkuma würzen und auf kleiner Flamme köcheln lassen. Nach 10-15 Minuten die Meeresfrüchte, Fisch, Erbsen und Tomaten dazugeben und fertig garen. Abschmecken, etwas Zitronensaft dazu und mit Petersilie garnieren.

## Lachspfanne mit Chinakohl und Linsen-Reis € 1,98
✓ Low Carb ✓ schnelle Küche

519kcal pro Portion
Nährstoffe: 31% Eiweiß, 41% Fett, 28% Kohlenhydrate (35,8g)

| | | |
|---|---|---|
| 125g | Lachsfilet | € 1,50 |
| 20mlg | Kikkoman Sojasoße (€ 7,50/L) | € 0,15 |
| 200g | Chinakohl | € 0,16 |
| 50g | Linsenreis (je 25g Linsen+Reis) | € 0,11 |
| | Salz, Pfeffer, Öl; Zitronensaft | € 0,16 |
| | **Gesamt: 1 Portion = Kosten** | **€ 1,98** |

Reis und Rote Linsen (je 25g) mit doppelter Menge Wasser garen. Chinakohl in Streifen schneiden, den aufgetauten und in Zitronensaft gesäuerten Lachs in Stücke schneiden. Lachs in einer (Wok-)Pfanne anbraten, Chinakohl dazu geben und kurz mitbraten, dann mit Sojasauce ablöschen und fertig garen. Ev. salzen und pfeffern.

Natürlich eignet sich jedes andere Gemüse auch für eine Wok-Pfanne. Brokkoli liebe ich sehr, ist aber entsprechend teurer. Zucchini, Paprika, Spinat, Mangold … sind ebenfalls sehr beliebt. Chinakohl deshalb, weil gerade im Haus und sehr billig.
Tipp: Linsen und Reis ergänzen sich wunderbar als Eiweißlieferanten und steigern zusammen die Wertigkeit von Eiweiß. Darum sehr empfehlenswert.

## Persischer Fischeintopf mit Reis € 1,65
✓ schnelle Küche ✓ orientalisch

580kcal pro Portion
Nährstoffe: 19% Eiweiß, 32% Fett, 49% Kohlenhydrate (69,2g)

| | | |
|---|---|---|
| 83g | Alaska Seelachs-Filet (1 Stück) | € 0,42 |
| 50g | Meeresfrüchte-Mix, tiefgefroren | € 0,46 |
| 50g | Reis | € 0,07 |
| 40g | Zwiebel (eine halbe) | € 0,04 |
| 3g | Knoblauch (1 Zehe) | € 0,01 |
| 20ml | Olivenöl | € 0,10 |
| 20g | Mehl zum Panieren | € 0,02 |
| 15g | Zucker (1EL) | € 0,03 |
| Gewürze: Mehti, Koriander, Limette, Tamarinde… | | € 0,50 |
| **Gesamt: 1 Portion = Kosten** | | **€ 1,65** |

Zuerst den Reis mit der doppelten Menge Wasser aufstellen, salzen und dünsten.
Öl in einer Pfanne erhitzen und darin den Bockshornkleesamen (Methi) anrösten, bis er duftet. Dann gehackte Zwiebel und Knoblauch dazu und etwas Limettenpulver (Alternative: Zitronenschale od. –saft). Mit etwas Wasser aufgießen und 15 Minuten köcheln. Dann Tamarinde, Zucker und frischen Koriander einrühren und weiterköcheln. Dazu den Meeresfrüchte-Mix einlegen. - Inzwischen die Fischstücke in einer Mehl-Kurkuma Mischung wälzen und mit Salz bestreuen. Die Fischstücke goldgelb anbraten und mit dem restlichen Koriander in den Eintopf geben.

## Fisch-Tomatensugo auf Dinkelnudeln € 1,87
✓ schnelle Küche  ✓ italienisch

575 Kalorien pro Portion
Nährstoffe: 23% Eiweiß, 10% Fett, 67% Kohlenhydrate (95,0g)

| | |
|---|---|
| 125g Dinkel Nudeln (Penne od. Spiralen) | € 0,38 |
| 100g Alaska Heilbutt, Femeg (Rabatt!) | € 1,12 |
| 1/2 Dose Tomaten, Clever € 0,33/Dose | € 0,17 |
| Gewürze, Zitronensaft, Sauerrahm | € 0,20 |
| **Gesamt: 1 Portion = Kosten** | **€ 1,87** |

Die Tomaten zerkleinern, in die Pfanne oder den Topf geben, das Fischfilet auftauen, mit Zitronensaft beträufeln, in Stücke schneiden, dazugeben. Mit Salz, Pfeffer und Kräuter der Provence würzen und garen. Mit 1 EL Sauerrahm abschmecken. Die Nudeln in kochendes Salzwasser und ca. 10 köcheln, abseihen. Anrichten: Nudeln auf einen Suppenteller häufen, Sugo drüber und Petersilie oder Basilikum drauf streuen.

Dinkel-Spirelli gibt es bei Merkur von Wolf um € 1,79 die 500g Packung. Kauft man mit der 15% Rabatt-Aktion, kommt das Kilo auf € 3,04. Dinkel ist ernährungsphysiologisch wertvoller als Weizen, aber weniger ertragreich. Vermutlich ist Dinkel deshalb nicht so hochgezüchtet wie Weizen. Super schmeckt ein bisschen Parmesan / Rapesan drüber, aber das sprengt bereits das 2-Euro-Budget. Gurkensalat dazu macht +40ct.

# Fischpfanne mit Reis € 1,85
✓ schnelle Küche  ✓ italienisch/französisch

520kcal pro Person
Nährstoffe: 26% Eiweiß, 25% Fett, 50% Kohlenhydrate (61,7g)

| | | |
|---|---|---|
| 125g | Heilbutt oder Seelachs | € 1,12 |
| 50g | Basmati Reis | € 0,06 |
| 200g | Tomaten (halbe Dose) | € 0,17 |
| 250g | Zucchini | € 0,34 |
| 50g | Erbsen | € 0,07 |
| Öl, Zitronensaft, Salz, Pfeffer, Kräuter d. Provence | | € 0,10 |
| | **Gesamt: 1 Portion = Kosten** | **€ 1,85** |

Fischfilet auftauen, mit Zitronensaft beträufeln, in Stücke schneiden. Zucchini waschen und in Würfel schneiden. Öl erhitzen, Fisch anbraten, Zucchini und Erbsen kurz mitbraten. Dann die halbe Dose Tomatenstücke dazugeben, würzen mit Salz, Pfeffer und Kräuter der Provence und 15-20 Minuten fertig garen. Abschmecken.
Dazu passt eine Portion Basmati Reis.

Tipp: wenn man mehr Reis kocht, kann man am nächsten Tag ganz schnell Gebratenen Reis mit Gemüse zaubern. Gern auch mit Ei oder anderen Resten.

## Naturschnitzel vom Schwein mit Blaukraut und Erdäpfel € 1,97
✓ traditionell  ✓ vorzugsweise im Winter

400 Kalorien pro Portion
Nährstoffe: 30% Eiweiß, 27% Fett, 43% Kohlenhydrate (42,4g)

| | | |
|---|---|---|
| 117g | Schweinsschnitzel (1 Stück) | € 1,11 |
| 175g | Kartoffeln, speckig (3 St.) | € 0,21 |
| 150g | Rotkraut, Tiefkühl (Billa) | € 0,50 |
| 10g | Butterschmalz; Gewürze | € 0,15 |
| | **Gesamt: 1 Portion = Kosten** | **€ 1,97** |

Schweinsschnitzel klopfen, mit Salz, Pfeffer und Kräuter der Provence würzen.
In Butterschmalz braten und am Schluss die gekochten Erdäpfel im Fett schwenken.
Das fertige Rotkraut in einem Topf erhitzen. Fertig.

Anmerkung: Natürlich schmeckt das selbst gekochte Blaukraut viel besser, aber für eine schnelle Küche sind Tiefkühlprodukte schon ok. Schweinefleisch ist in der Regel billig und es gibt immer wieder Aktionen! Statt Butterschmalz kann man auch Sonnenblumenöl verwenden und wenn keine Kräuter im Haus sind, reicht auch Salz und Pfeffer.

## Schweinskarree mit Erdäpfelschmarrn und Salat € 1,65
✓ traditionell  ✓ schnelle Küche

620 Kalorien pro Portion
Nährstoffe: 22% Eiweiß, 56% Fett, 22% Kohlenhydrate (32g)

| | | |
|---|---|---|
| 150g | Schweinskarree | € 0,77 |
| 180g | Kartoffeln (2 Stück) | € 0,18 |
| 40g | Zwiebel (halbes Stück) | € 0,02 |
| 15g | Butterschmalz | € 0,13 |
| | Gewürze: Salz, Pfeffer, Kümmel | € 0,05 |
| 100g | Blattsalat mit Ital. Dressing | € 0,50 |
| | **Gesamt: 1 Portion = Kosten** | **€ 1,65** |

Kartoffeln kochen. Ideal ist, wenn vom Vortag bereits eine extra Portion mitgekocht wurde. Das spart Zeit. Das Fleisch mit Salz, Pfeffer und Kümmel würzen und in der Pfanne herausbraten. Das Fleisch herausnehmen, noch etwas Butterschmalz zufügen und die gehackte Zwiebel anrösten. Dann die geschälten Kartoffeln dazugeben und zerstampfen. Mit Salz und Kümmel würzen.

Dazu passt Blattsalat oder auch Gurkensalat – in der kalten Jahreszeit gerne mit Krautsalat in diversen Variationen.

## Schwein ... in Variationen.... z.B. mit Cole Slaw
✓ herzhaft

Egal, ob Schnitzel, Medaillons, Karree oder Lungenbraten - Schwein hat im (süd-) deutschsprachigen Raum immer Saison.

Das Fleisch würze ich mal mit Kümmel, mal mit Wacholder oder mit Kräutern der Provence. Die Kartoffeln kommen als Erdäpfelschmarrn, als Bratkartoffeln (Würfel in Öl mit Salz und Rosmarin braten - geht sehr schnell!) oder in der einfach gekochten Variante auf den Tisch.

Die Beilagen variieren je Saison: Blattsalat im Sommer, Krautsalat in allen Variationen in der kalten Jahreszeit oder auch Letscho.

**Coleslaw - Amerikanischer Krautsalat - 3 Portionen**

| | | |
|---|---|---|
| 200g | Weisskraut | € 0,26 |
| 80g | Karotten | € 0,08 |
| 50g | Clever Mayonnaise 25% | € 0,05 |
| 100g | Joghurt | € 0,18 |
| 115g | Ananas Stücke (1/3 Dose) | € 0,30 |
| | Salz, Pfeffer, Essig | € 0,10 |
| **545g** | **Gesamt: 3 Portionen** | **€ 0,96** |
| 180g | Kosten pro Portion | € 0,32 |

# Karibische Schmorpfanne mit Süßkartoffeln € 1,29
✓ 2 Portionen ✓ exotisch

360 kcal pro Portion
Nährwerte: 27% Eiweiß, 31% Fett, 42% Kohlenhydrate (36g)

| | | |
|---|---|---|
| 200g | Schweinefleisch (z.B. Karree) | € 1,30 |
| 15ml | Sonnenblumenöl (1 EL) | € 0,08 |
| 150g | Süßkartoffel (1 Stück) - Aktion! | € 0,60 |
| 190g | Ananas Stücke (halbe Dose) | € 0,45 |
| 6g | Knoblauch (2 Zehen) | € 0,05 |
| | Salz, Pfeffer, Chili, (Zucker) | € 0,10 |
| | **Gesamt: 2 Portionen** | **€ 2,57** |
| | Kosten pro Portion | € 1,29 |

Fleischstücke in heißem Öl kurz anbraten, mit Salz und Pfeffer würzen und herausnehmen. Die Süßkartoffel schälen, in Würfel schneiden und ebenfalls kurz anbraten. Chili, Knoblauch, Salz, Pfeffer und Zucker dazurühren. Mit Wasser oder Brühe ablöschen und ca. 7 Minuten garen.
Tomatenstücke und Ananasstücke aus der Dose dazugeben, das Fleisch ebenfalls wieder in die Pfanne geben und noch ca. 5 Minuten garen. Mit Petersilie garnieren.

Wer mit Chili zu großzügig war, kann mit Reis oder Weißbrot "löschen".

# Fleischlaibchen mit Kartoffelpüree und Blattsalat € 1,35
✓ 3 Portionen Fleischlaibchen ✓ traditionell

703kcal pro Portion
Nährwerte: 17% Eiweiß, 55% Fett, 28% Kohlenhydrate (47,2g)

| | | |
|---|---|---|
| 250g | Faschiertes, gemischt (30% Rabatt) | € 0,87 |
| 85g | Zwiebel (1 Stück) | € 0,04 |
| 20g | Butterschmalz | € 0,13 |
| 55g | Ei (1 Stück) | € 0,35 |
| 30g | Knödelbrot (Semmelwürfel) | € 0,05 |
| | Gewürze | € 0,20 |
| 20g | Semmelbrösel | € 0,03 |
| | **Gesamt: 3 Portionen = 6 Stück** | **€ 1,66** |
| | Kosten pro Portion | € 0,55 |
| 240g | Kartoffeln für 1 Portion | € 0,24 |
| 100ml | Milch | € 0,11 |
| | Gewürze (Salz, Muskat) | € 0,05 |
| 90g | Blattsalat mit Essig und Öl | € 0,40 |
| | **Gesamt: 1 Portion = Kosten** | **€ 0,80** |

Das Ei verquirlen und das Knödelbrot darin gut einweichen. Fleisch, Zwiebel und Gewürze (Salz, Pfeffer, Majoran) dazu und alles gut vermischen. Laibchen formen und in Semmelbröseln wälzen, dann in Öl herausbraten.

Püree: Kartoffeln kochen und schälen. Milch im Topf erwärmen und darin die Kartoffeln zerstampfen. Mit Salz und Muskat würzen.

**Gesamtkosten pro Person: € 1,35**
Fleischlaibchen eignen sich gut als kalte Jause!

## Kokos-Curry vom Schwein mit Reis € 1,42
✓ 2 Portionen ✓ exotisch

600kcal pro Portion
Nährwerte: 23% Eiweiß, 42% Fett, 35% Kohlenhydrate (50,6g)

| | | |
|---|---|---|
| 200g | Schweinefleisch (z.B. Karree) | € 1,30 |
| 85g | Zwiebel (mittelgroß) | € 0,05 |
| 15ml | Sonnenblumenöl (1 EL) | € 0,08 |
| 200g | Karotten | € 0,14 |
| 150g | Brokkoli | € 0,30 |
| 200g | Tomaten (Dose) | € 0,17 |
| 150ml | Kokosmilch | € 0,19 |
| | Zitronensaft, Gewürze | € 0,40 |
| 100g | Basmati Reis m. roten Linsen | € 0,22 |
| | **Gesamt: 2 Portionen** | **€ 2,84** |
| | Kosten pro Portion | € 1,42 |

Zwiebel (klein geschnitten) und Schweinefleisch (mundgroße Stücke) in heißem Öl anbraten, Gewürze kurz mitbraten (Grüner Curry und Ingwer; nach Belieben auch Kurkuma, Cumin und Koriander) und mit Kokosmilch aufgießen. Tomatenstücke und das geschnittene Gemüse dazu. Ca. 20-30 Minuten garen.
Dazu weißer Reis - am besten mit kleinen roten Linsen gemischt.

## Pilaw mit Schweinefleisch und Korinthen € 1,39

✓ 2 Portionen ✓ slow cooking ✓ orientalisch

387kcal pro Portion
Nährwerte: 25% Eiweiß, 24% Fett, 51% Kohlenhydrate (47g)

| | | |
|---|---|---|
| 150g | Schweinsmedaillons | € 1,12 |
| 50g | Zwiebel (1 mittlere) | € 0,03 |
| 150g | Karotten (2 mittlere) | € 0,18 |
| 200g | Fisolen, Bio, tiefgefroren | € 1,00 |
| 15ml | Sonnenblumenöl | € 0,06 |
| 70g | Langkorn Reis | € 0,09 |
| 30g | Korinthen (oder Rosinen) | € 0,11 |
| | Gewürze, Petersilie | € 0,20 |
| | **Gesamt: 2 Portionen** | **€ 2,78** |
| | Kosten pro Portion | € 1,39 |

**Gewürze: Salz, Pfeffer, Kardamom, Koriander, Cumin.**
Pilaw ist ursprünglich ein orientalisches Reisgericht – in vielen Variationen.
Zwiebel und Fleisch (beides klein geschnitten) in Öl anbraten, Gemüse dazugeben, Reis und Gewürze einrühren und mit Wasser (doppelt so viel wie Reis) aufgießen. Korinthen oder Rosinen dazu und bei schwacher Hitze langsam garen, bis der Reis durch ist. Anrichten und mit reichlich Petersilie bestreuen.

## Frühkraut-Curry mit Schweinsnuss-Streifen € 1,88
✓ Low Carb ✓ einfach ✓ schnelle Küche

530kcal pro Portion
38% Eiweiß, 32% Fett, 30% Kohlenhydrate (37,4g)

| | | |
|---|---|---|
| 370g | Frühkraut (1/4 Stück) | € 0,18 |
| 250g | Karotten (2-3 Stück) | € 0,25 |
| 8g | Curry Gewürz; Salz, Pfeffer | € 0,15 |
| 160g | Grillfleisch von der Schweinsnuss | € 1,20 |
| 13g | Butterschmalz (1 EL) | € 0,10 |
| | **Gesamt: 1 Portion = Kosten** | **€ 1,88** |

Karotten putzen, in Scheiben schneiden und in Butterschmalz braten/garen. Kurz bevor sie bissfest werden, Curry, Salz und Pfeffer einrühren und kurz mitbraten. Am Schluss das würfelig geschnittene Kraut ein paar Minuten unterrühren und mitbraten, sodass das Kraut noch knackig schmeckt.
Das Fleisch salzen und pfeffern und einfach kurz in Öl oder Butterschmalz anbraten. Am Schluss in Streifen schneiden und mit dem Gemüse anrichten.

Tipp für Vegetarierinnen: Frühkraut ist ein sehr billiges Gemüse (€ 0,49 je kg) und in der Curry-Variante mit dem süßen Geschmack der Karotten einfach köstlich.

## Rindfleisch Curry Eintopf € 1,85

✓ 3 Portionen ✓ Eintöpfe (ideal zum Aufwärmen)

380 Kalorien pro Portion
Nährstoffe: 33% Eiweiß, 40% Fett, 28% Kohlenhydrate (24,7g)

| | | |
|---|---|---|
| 300g | Kichererbsen; 1 Dose (Billa) | € 0,99 |
| 318g | Rindfleisch, Würfel (Billa 10%) | € 2,87 |
| 80g | Zwiebel; 2 Karotten (ca. 200g) | € 0,50 |
| 130ml | Kokos-Milch (1/3 Dose) | € 0,50 |
| | Gewürze (Curry, Salz, Petersilie…) | € 0,40 |
| 10ml | 1 halbe Zitrone | € 0,20 |
| 15g | Joghurt 3,2% Fett | € 0,10 |
| **Gesamt: 3 Portionen** | | **€ 5,56** |
| Kosten pro Portion | | € 1,85 |

Wirklich hungrige Geister können die Mahlzeit noch mit Reis oder Couscous aufpeppen. Aber in Wirklichkeit ist es so eine gute, nahrhafte Mahlzeit für knappe Budgets. Mehr Kohlenhydrate braucht es nicht. Die Kichererbsen aus der Dose sind dem Zeitgewinn geschuldet. Dadurch ist es eine einfache, schnelle Küche, denn sobald die Zutaten im Topf sind, köchelt das Curry ganz allein vor sich hin. Bei Eintöpfen macht es überdies Sinn, gleich eine größere Portion zu kochen. Die Haltbarkeit im Kühlschrank reicht meist drei Tage lang oder man friert einen Teil ein.

Also: Zwiebel in Öl anbraten, Fleisch dazugeben und mitbraten…. wie immer :-)

## Falscher Irish Stew (mit Weißkraut) € 1,56
✓ Rezept für 3 Portionen ✓ Eintöpfe (ideal zum Aufwärmen)

776kcal pro Portion
Nährstoffe: 26% Eiweiß, 41% Fett, 33% Kohlenhydrate (66,8g)

| | | |
|---|---|---|
| 375g | Weißkraut | € 2,96 |
| 160g | Zwiebel (2 Stück) | € 0,08 |
| 200g | Karotten (2 Stück) | € 0,26 |
| 108g | Schwein, Bauchfleisch | € 0,38 |
| 100g | Rind, Gulaschfleisch | € 0,37 |
| 200g | Kartoffeln, Bio (2 große) | € 0,27 |
| 10ml | Essig (zum Ablöschen) | € 0,05 |
| Salz, Pfeffer, Kümmel, Thymian, Lorbeer | | € 0,30 |
| | **Gesamt: 3 Portionen** | **€ 4,67** |
| | Kosten pro Portion | € 1,56 |

Das fette Bauchfleisch (kleine Würfel) zuerst in den Topf geben, damit das Fett schmelzen kann, dann Zwiebel (schneiden) und Rindfleisch (Würfel) dazugeben und anbraten; mit Essig ablöschen. Dann das Kraut (nudelig), die Karotten (Scheiben) und die Kartoffel (Würfel) dazugeben, mit Wasser aufgießen, würzen und ca. 1 Stunde bei mittlerer Hitze köcheln lassen. Gerne mit grüner Petersilie garnieren.
"Falscher" Irish Stew deshalb, weil das Original mit Hammelfleisch gekocht wird.

## Russischer Borschtsch mit Rindfleisch und Bohnen € 1,38
✓ Rezept für 3 Portionen ✓ Eintöpfe (ideal zum Aufwärmen)

390kcal pro Person
Nährstoffe: 38% Eiweiß, 41% Fett, 21% Kohlenhydrate (19,5g)

| | | |
|---|---|---|
| 120g | Karotten, Bio (25%) | € 0,22 |
| 420g | Rindfleisch f. Gulasch (25% Aktion) | € 1,59 |
| 10g | Butterschmalz | € 0,12 |
| 100g | Zwiebel (1 Stk) | € 0,20 |
| 200g | Rote Bete, Bio (1 Stk) (25% Aktion) | € 0,50 |
| 190g | Weißkraut (1/4) | € 0,25 |
| 100g | Sauerrahm | € 0,25 |
| 240g | Weiße Bohnen (1 Dose) | € 0,49 |
| 30g | Tomatenmark (1 Dose) | € 0,33 |
| | Petersilie oder Dill | € 0,10 |
| | Salz, Pfeffer, Lorbeerblatt | € 0,10 |
| | **Gesamt: 3 Portionen** | **€ 4,14** |
| | Kosten pro Portion | € 1,38 |

Gleich vorweg: Borschtsch wird normalerweise ohne(!) Bohnen gekocht. Aber so ist es nahrhafter. Wem das nicht reicht, kann gern ein Butterbrot dazu essen. Das macht dann rund 180-190 Kalorien mehr, also gesamt ca. 570-580 Kalorien. (31% Kohlenhydrate oder 42g pro Portion.) Preislich bleibt man auf jeden Fall unter 2 Euro.

## Russischer Borschtsch mit Chinakohl Salat € 1,57 - Fortsetzung
✓ Rezept für 3 Portionen

Das Kraut fein nudelig schneiden, Karotten putzen und in Scheiben schneiden, die Rote Bete schälen und ebenfalls in Streifen schneiden. Zwiebel fein schneiden und in Butterschmalz (oder Öl) anbraten, das würfelig geschnittene Rindfleisch dazu und alles anbraten. Mit Essig ablöschen, das Gemüse und das Tomatenmark dazugeben und mit Wasser aufgießen, bis alle Zutaten mit Wasser bedeckt sind. Mit Salz, Pfeffer und Lorbeerblatt würzen und eine Stunde bei schwacher Hitze köcheln. Während der letzten 10 Minuten die Bohnen aus der Dose (vorher abtropfen lassen!) dazugeben. Noch einmal abschmecken und mit Rahm und Dill oder Petersilie anrichten.

Variante mit Chinakohl Salat:
490kcal pro Person
Nährstoffe: 34% Eiweiß, 45% Fett, 20% Kohlenhydrate (20,4g)

| | | |
|---|---|---|
| 70g | Chinakohl | € 0,09 |
| | Marinade: Salz, Essig, Öl | € 0,10 |
| | **Gesamt: 1 Portion = Kosten** | **€ 0,19** |

Man rechne also mit ca. 100 Kalorien (wegen dem Öl!) und ca. 20ct. mehr. Chinakohl im Angebot bekommt man um € 0,79 je kg (gesehen bei Spar). Mit einem Stück kann mein eine ganz Woche lang Salat essen und im Wok anbraten.

## Krautauflauf mit Faschiertem und Kartoffeln € 1,49
✓ 2 Portionen ✓ zeitaufwendig ✓ traditionell

460kcal pro Portion
Nährstoffe: 27% Eiweiß, 32% Fett, 41% Kohlenhydrate (46,2g)

| | | |
|---|---|---|
| 180g | Faschiertes, Rind, Bio | € 1,57 |
| 320g | Weisskraut | € 0,35 |
| 40g | (halbe) Zwiebel | € 0,04 |
| 1 | Ei | € 0,32 |
| 50g | Knödelbrot | € 0,05 |
| 5g | Rapesan zum Bestreuen | € 0,08 |
| 300 | Kartoffeln, speckig | € 0,40 |
| 5g | Butterfett | € 0,08 |
| | Salz, Pfeffer, Kümmel, Majoran | € 0,10 |
| | **Gesamt: 2 Portionen** | **€ 2,98** |
| | Kosten pro Portion | € 1,49 |

Weißkraut (½ kleines Häupel) in feine Streifen schneiden, mit Zwiebel in Butterfett anrösten, mit etwas Wasser aufgießen, mit Salz und Kümmel würzen und garen, bis das Kraut weich ist. Die überschüssige Flüssigkeit abseihen und abkühlen lassen, bis das Kraut lauwarm ist.

# Krautauflauf - Fortsetzung

Das Faschierte mit Ei und Semmelwürfel mischen, mit Salz, Pfeffer und Majoran kräftig würzen und dann das Kraut untermischen. In eine Auflaufform geben, mit Parmesan bestreuen und ca. 40 Minuten im Backrohr bei 170 Grad backen.
Dazu passen gegarte Kartoffeln (2 mittelgroße Stück pro Person).

Die Packung Faschiertes wiegt 300g. 180g verwenden wir für den Auflauf, die restlichen 120g reichen am nächsten Tag z.B. für eine Portion Bolognese.

**Tipp**: Low Carb Bewusste können die Kartoffeln gern weglassen und dafür mehr vom Auflauf essen. Den Auflauf kann man übrigens auch kalt genießen.

## Weißkraut
Weißkraut ist ein sehr billiges und ergiebiges Wintergemüse. Ein kleines Häupel Weißkraut wiegt ein knappes Kilo und kann während einer Woche für drei verschiedene Spreisen verwendet werden, jeweils für 2 Portionen. Der Kilopreis liegt bei € 1,29 (Stand: Dezember 2015, Billa)
Zum Beispiel:
1) Krautauflauf (2 Portionen)
2) Borschtsch (2 Portionen)
3) Coleslaw oder klassischer Krautsalat

## Weißer Bohnen-Eintopf mit Erdäpfelschmarrn € 1,51
✓ Rezept für 3 Portionen ✓ herzhaft

652kcal pro Portion
Nährstoffe: 16% Eiweiß, 58% Fett, 26% Kohlenhydrate (43,1g)

| | | |
|---|---|---|
| 200g | Bauchfleisch | € 0,70 |
| 100g | Ungarische Paprikawurst (o.ä.) | € 1,27 |
| 250g | Weiße Bohnen (400g Dose) | € 0,59 |
| 150g | Zwiebel (je 1 große u. Kleine) | € 0,08 |
| 15ml | Sonnenblumenöl | € 0,06 |
| 200g | Tomaten (halbe Dose) | € 0,55 |
| | Salz, Pfeffer, Basilikum | € 0,20 |
| 30g | Butterschmalz | € 0,36 |
| 540g | Kartoffeln | € 0,72 |
| | **Gesamt: 3 Portionen** | **€ 4,52** |
| | Kosten pro Portion | € 1,51 |

Eine große Zwiebel und Bauchfleisch jeweils klein geschnitten in Öl anbraten. Die Bohnen gut abspülen und dazugeben; Tomatenstücke und die Wurstscheiben ebenfalls und mit Wasser aufgiessen, würzen und ca. eine Stunde bei schwacher Hitze köcheln.
Die Kartoffeln in der Schale garen, dann schälen. Zwiebel in Butterschmalz anrösten,die Kartoffeln dazu geben und zerstampfen. Am Schluss salzen.

# Hackfleischpfanne mit Minze  € 1,10
✓ Rezept für 3 Portionen ✓ Low Carb

486kcal pro Portion
Nährstoffe: 19% Eiweiß, 59% Fett, 22% Kohlenhydrate (25g)

| | | |
|---|---|---|
| 250g | Faschiertes, gemischt | € 1,25 |
| 85g | Zwiebel (mittelgroß) | € 0,05 |
| 15ml | Sonnenblumenöl | € 0,08 |
| 150g | Kohlrabi | € 0,45 |
| 240g | Kichererbsen (Dose, abgetropft) | € 0,89 |
| 50g | Rosinen | € 0,18 |
| 50g | Erdnüsse (Clever) | € 0,20 |
| | Salz, Pfeffer, Cumin, Minze | € 0,20 |
| **Gesamt: 3 Portionen** | | **€ 3,29** |
| Kosten pro Portion | | € 1,10 |

Das Faschierte in Öl anbraten, Zwiebel dazu und den würfelig geschnittenen Kohlrabi einrühren, bis der Kohlrabi knackig ist (ca. 5 Minuten). Die gut abgespülten Kichererbsen, Rosinen (oder Korinthen) und Erdnüsse (im Originalrezept steht: Pinienkerne – ist eine Preisfrage) dazu. Mit Cumin (Kreuzkümmel), Salz, Pfeffer und Minze würzen. Trockenminze ist durchaus ok, wenn keine frische Minze im Haus ist.
Ich garantiere euch, es schmeckt super-gut und ist sehr günstig.

## Rindsgulasch mit Semmelknödel und Rotkrautsalat € 1,21
✓ Rezept für 2 Portionen ✓ ideal zum Aufwärmen

450kcal pro Portion
Nährstoffe: 25% Eiweiß, 43% Fett, 32% Kohlenhydrate (35,0g)

| | | |
|---|---|---|
| 200g | Rindsgulasch | € 0,75 |
| 100g | Zwiebel | € 0,05 |
| 10g | Butterschmalz | € 0,09 |
| 30g | Rahm | € 0,05 |
| Essig, Paprika, Salz, Pfeffer, Tomatenmark | | € 0,20 |
| 100g | Semmelwürfel | € 0,31 |
| 20g | Butter | € 0,11 |
| 1 | Ei | € 0,33 |
| 20g | Dinkelmehl | € 0,10 |
| | **Gesamt: 2 Portionen** | **€ 1,99** |
| | Kosten pro Portion | € 0,99 |

Mit Rotkrautsalat betragen die Gesamtkosten € 1,21.
Für das Gulasch Zwiebel und Fleisch in Butterschmalz anbraten, mit Paprika würzen und dann mit Essig ablöschen. Tomatenmark, Salz und Pfeffer dazu; mit Wasser aufgießen. Ca. 1 Stunde garen. Ev. mit Rahm und Mehl binden. - Für die Knödel Semmelwürfel mit Ei und Milch mischen, etwas Zwiebel in Butter anrösten und untermischen. Salzen und etwas Muskat dazu. Rasten lassen. Knödel gelingen am sichersten im Dampfgarer.

## Katschamak mit Spiegelei und Speck; mit Sprossenkohl € 1,48
✓ schnelle Küche ✓ deftig, herzhaft

585kcal pro Portion
Nährwerte: 19% Eiweiß, 51% Fett, 30% Kohlenhydrate (42,3g)

| | | |
|---|---|---|
| 250g | Sprossenkohl | € 0,35 |
| 35g | Bauchspeck | € 0,44 |
| 50g | Polenta (Maisgrieß) | € 0,09 |
| 1 | Ei | € 0,35 |
| 15g | Butterschmalz | € 0,13 |
| | Salz, Pfeffer, Petersilie | € 0,12 |
| | **Gesamt: 1 Portion = Kosten** | **€ 1,48** |

Für den Katschamak (= Polenta = Maisgrieß) die dreifache Menge an Wasser wie Mais verwenden. Das Wasser aufkochen, Mais einrühren und bei schwacher Hitze ca. 20 Minuten quellen lassen und rühren. Spiegelei braten, auf einen Teller legen, Katschamak darauf verteilen und oben die gebratenen Speckwürfel samt dem flüssigen Fett geben. Ev. mit frischer Petersilie garnieren.

Dazu gedünsteten Sprossenkohl (bei Lidl im Angebot: 500g um 69 Cent!)

## Gekochtes Rindfleisch ab € 2,10 (inkl. Rindsuppe!)
✓ 3 Portionen ✓ traditionell

Rindfleisch mit Spinat und Apfelkren  € 2,10
300kcal pro Portion
Nährwerte: 25% Eiweiß, 41% Fett, 34% Kohlenhydrate (44,4g)

| | | |
|---|---|---|
| 300g | Rindfleisch gekocht (25% Rabatt) | € 2,25 |
| 600g | Cremespinat (1 Pkg) - 10% Rabatt | € 2,39 |
| 20g | Kren | € 0,10 |
| 100g | Apfel | € 0,95 |
| 100ml | Weißwein | € 0,40 |
| 1 Pkg | Suppengrün, Zwiebel, Öl, Gewürze | € 1,06 |
| | **Gesamt: 3 Portionen** | **€ 6,29** |
| | Kosten pro Portion | € 2,10 |

Gekochtes Rindfleisch liebe ich deshalb, weil es eine tolle Rindsuppe ergibt, die im Kühlschrank über mehrere Tage verteilt gutes Essen gibt. Und weil man das Rindfleisch leicht in ein bisschen Suppe aufwärmen und mit verschiedenen Beilagen servieren kann.

Ein bisschen Öl im Topf erhitzen, Gemüse leicht anbraten und dann aufgießen. Das Fleisch hineinlegen, Salz, Pfefferkörner, Lorbeerblatt dazu und mindestens eine Stunde bei schwacher Hitze leicht köcheln lassen. Schaum abschöpfen. Abseihen, nachwürzen.

# Gekochtes Rindfleisch mit Beilagen-Variationen - Fortsetzung
✓ traditionell

Für den Spinat nehme ich immer Tiefkühlware aus dem Supermarkt.

**Erdäpfelschmarrn: zusätzlich € 0,40** pro Portion = € 2,49 gesamt pro Person
Gesamtmahlzeit: 540kcal pro Person
Gesamt-Nährwerte: 26% Eiweiß, 40% Fett, 34% Kohlenhydrate (43,9g)
200g Kartoffeln pro Person kochen, schälen. Zwiebel in Fett anrösten, Kartoffeln dazu geben und stampfen, salzen und noch ein bisschen anbraten.
(Kalorien und Nährwerte bleiben in etwa gleich, wenn man Semmelkren durch Erdäpfelschmarrn ersetzt. Apfelkren inklusive)

**Semmelkren: zusätzlich € 0,56** (Gesamtkosten ohne Apfelkren: € 2,45)
150g Semmelwürfel pro Person und ca. 1/8 Liter heiße Brühe in einem Topf gut verstampfen bzw. verrühren, dann ca. 10g Kren und 1 Esslöffel Sauerrahm dazu und mit Salz abschmecken. (Kalorien und Nährwerte bleiben in etwa gleich, egal ob Semmelkren oder Erdäpfelschmarrn.)

**Apfelkren**
Für den Apfelkren pro Person ca. 1/2 Apfel schälen und reiben, mit etwas Weißwein in einem Topf ca. 20 Minuten leicht erhitzen, zum Schluss gerissenen Kren dazu.

# Wurstknödel mit Sauerkraut € 1,60
✓ Fertiggerichte  ✓ deftig

550kcal pro Portion
Nährstoffe: 18% Eiweiß, 37% Fett, 45% Kohlenhydrate (57,3g)

| | |
|---|---|
| 2 Wurstknödel (z.B. Billa, Rabatt!) | € 1,10 |
| 250g Sauerkraut (Seeburger) | € 0,50 |
| **Gesamt: 1 Portion = Kosten** | **€ 1,60** |

Warum Fertiggerichte in diesem Kochbuch? Weil sie heute zum Alltag gehören. Fertigpizza zählt dabei nicht zu meinen Empfehlungen, aber wenn man bewusst wählt, und einen kritischen Blick auf die Inhaltsstoffe riskiert, sind Fertigprodukte schon ok.

Manchmal hat man nicht nur wenig Zeit, sondern einfach Gusto auf deftiges Essen. Ideal ist natürlich, wenn vom Vortag noch ein wenig Bratensaft oder Gulaschsaft übrig ist. Dann schmeckt's gleich noch viel besser. - Grammelknödel haben im Vergleich weniger Eiweiß und mehr Fett und insgesamt mehr Kalorien (ca. 660). Also immer auf Nährwerte und Inhaltsstoffe achten.

Tipp: Aktionen nutzen! Es lagert ja gut im Tiefkühlfach für den nächsten Stresstag oder einfach Gusto. Die billigste Variante habe ich um € 0,95 gegessen. Beim Sauerkraut bin ich heikel: die billigen Sorten sind nicht immer die besten, in Geschmack und Qualität.

# Leberknödelsuppe und Topfenknödel € 1,47
✓ 2 Gang-Menü für 2 Personen

Klare Rindsuppe vom Vortag, fertige Leberknödel aus dem Tiefkühlregal und frische Topfenknödel mit Marillenmarmelade als zweiter Gang. (Alternative: Gemüsesuppe)

557kcal pro Person
Nährwerte: 22% Eiweiß, 41% Fett, 37% Kohlenhydrate (50,0g)

| | | |
|---|---|---|
| 150g | 4 Stück Leberknödel | € 1,40 |
| 400ml | Suppenbrühe (vom Vortag) | € 0,00 |
| 250g | Topfen 20% (25% Rabatt) | € 0,74 |
| 1 | Ei | € 0,32 |
| 60g | Grieß | € 0,09 |
| 50g | Marillenmarmelade (Hofer) | € 0,19 |
| 20g | Butter (clever) | € 0,11 |
| 30g | Semmelbrösel | € 0,09 |
| 10g | Zucker | € 0,01 |
| | **Gesamt 2 Portionen** | **€ 2,95** |
| | Kosten pro Portion | € 1,47 |

Topfenknödel: Topfen, Ei und Griess mit dem Mixer gut verrühren und eine halbe Stunde kühl rasten lassen. Knödel formen, im Dampfgarer 12-15 Minuten garen. Brösel in Butter rösten, zuckern, die Knödel darin wälzen und mit Marillenmarmelade anrichten. Tipp: im Dampfgarer können Knödel nicht zerfallen, sonst ev. etwas mehr Griess dazu.

## Champignonreis mit Hühnergeschnetzeltem und Salat € 1,74
✓ Fünf-Elemente Küche (Reihenfolge beachten!)

507kcal pro Portion
Nährwerte: 29% Eiweiß, 35% Fett, 36% Kohlenhydrate (43,9g)

| | | |
|---|---|---|
| 110g | Hühnerbrust, geschnetzelt | € 0,69 |
| 45g | Champignons | € 0,13 |
| 50g | Reis | € 0,06 |
| 10g | Parmesan | € 0,15 |
| 90g | Blattsalat | € 0,42 |
| | Marinade (Essig, Öl, Salz) | € 0,08 |
| | Gewürze, Zitronensaft | € 0,20 |
| | **Gesamt: 1 Portion = Kosten** | **€ 1,74** |

Den Topf erhitzen, Reis hineingeben, mit Wasser aufgießen und dünsten. Dann der Reihe nach: Pfeffer, Salz, Zitronensaft und Paprika dazugeben. Nach jedem Gewürz umrühren. Dann in der Folge Champignons (fein blättrig geschnitten), Schnittlauch und Parmesan.

Das Geschnetzelte vom Huhn nur mit Salz und Paprika würzen und rasch braten. Eine Schale Blattsalat mit italienischer Essig-Öl Marinade rundet die Mahlzeit ab.

## Kreolische Hühnerbrust mit Reis und Salat € 1,98
✓ Rezept für 2 Portionen  ✓ scharf

490 kcal pro Portion
Nährwerte: 37% Eiweiß, 12% Fett, 51% Kohlenhydrate (61g)

| | | |
|---|---|---|
| 310g | 1 Hühnerbrust (Bio, Aktion) | € 2,34 |
| 200g | Tomatenstücke (Dose) | € 0,20 |
| Senf, Knoblauch, Sojasauce, Honig, Chili, Sesam | | € 0,40 |
| 100g | Reis | € 0,12 |
| 180g | Eisbergsalat mit Essig+Öl | € 0,90 |
| | **Gesamt: 2 Portionen** | **€ 3,96** |
| | Kosten pro Portion | € 1,98 |

Eine halbe Dose Tomatenstücke in eine Auflaufform gießen, Knoblauch schälen und hinein pressen. Mit Senf, Sojasauce, Honig und Chili gut vermischen. Die Hühnerbrust hineinlegen.

Backrohr auf 200° vorheizen, die Auflaufform mit Alufolie zudecken und ins Rohr schieben. Nach ca. einer halben Stunde die Folie entfernen. Das Huhn mit Sesam bestreuen und weitere 25 Minuten braten, bis das Huhn eine knusprig braune Farbe hat. Dazu weißer Reis und Eisbergsalat.

## Französisches Huhn mit Rotwein und Weißbrot € 1,85
✓ Rezept für 2 Personen  ✓ einfach

510kcal pro Portion
Nährwerte: 36% Eiweiß, 2% Fett, 34% Kohlenhydrate (44g), 7% Alkohol

| | | |
|---|---|---|
| 310g | 1 Hühnerbrust (Bio) | € 2,34 |
| 85g | Zwiebel (mittelgroß) | € 0,05 |
| 15g | Butterschmalz | € 0,12 |
| | Curry, Salz, Petersilie | € 0,20 |
| 20g | Semmelbrösel (1 EL) | € 0,02 |
| 30g | Emmentaler | € 0,27 |
| 100ml | Rotwein | € 0,31 |
| 120g | Baguette (Hofer) | € 0,40 |
| | **Gesamt: 2 Portionen** | **€ 3,71** |
| | Kosten pro Portion | € 1,85 |

Die Hühnerbrust in Butterschmalz anrösten und in eine feuerfeste Auflaufform legen. In der Pfanne die fein gehackte Zwiebel und Knoblauch dünsten, Semmelbrösel und Gewürze (Salz, Curry) dazu geben und mit Wasser oder Suppe aufgießen. Alles verkochen lassen, bis eine sämige Soße daraus entsteht. Abschmecken und über das Huhn gießen. Das Gericht mit Rotwein übergießen, mit geriebenem Käse bestreuen und 30-40 Minuten im Rohr überbacken. Schmeckt herrlich mit Baguette, aber auch mit Reis sehr köstlich.

## Huhn mit geröstetem Karfiol, Mandeln und Tahini-Dip € 1,71
✓ 2 Portionen ✓ Low Carb ✓ orientalisch

523kcal pro Portion
Nährwerte: 23% Eiweiß, 72% Fett, 5% Kohlenhydrate (6,5g)

| | | |
|---|---|---|
| 310g | Karfiol (1/2 Stück) | € 0,74 |
| 30ml | Olivenöl (ca. 3 EL) | € 0,15 |
| 40g | Mandeln (blanchiert und geröstet) | € 0,60 |
| 40g | Joghurt (ca. 3 EL) | € 0,05 |
| 10g | Tahin Sesammus (1 TL) | € 0,19 |
| Gewürze: Baharat, Zitronensaft, Koriander | | € 0,30 |
| 210g | Hühnerfilet (50% Rabatt) | € 1,32 |
| 20ml | Sonnenblumenöl zum Anbraten | € 0,06 |
| | **Gesamt: 2 Portionen** | **€ 3,42** |
| | Kosten pro Portion | € 1,71 |

Karfiol-Röschen in einer feuerfesten Backform verteilen mit Salz, Öl und einer persischen Gewürzmischung **„Baharat" (Cumin, Zimt, Koriander, Kurkuma, Kardamom)** vermischen und ca. 20 Minuten im vorgeheizten Backrohr rösten. Der Karfiol darf leicht geschwärzt sein, muss aber bissfest sein.
**Tahini-Dip**: Joghurt, Tahin, Zitronensaft, Salz und Pfeffer gut verrühren. Fertig.
Huhn: mit der gleichen Gewürzmischung und Salz einreiben und kurz anbraten.
**Tipp:** wenn der Hunger groß ist, eine gekochte Kartoffel vom Vortag mitbraten.

## Gebratene Chinesische Nudeln mit Huhn € 1,90
✓ schnelle Küche  ✓ einfach

541kcal pro Portion
Nährwerte: 29% Eiweiß, 23% Fett, 47% Kohlenhydrate (61,7g)

| | | |
|---|---|---|
| 62,5g | Chinesische Mie-Nudeln (Hofer) | € 0,20 |
| 100g | Hühnerbrust | € 0,67 |
| 100g | Brokkoli | € 0,28 |
| 70g | Karotte (1 Stück) | € 0,07 |
| 42g | Spitzpaprika, rot (1/2 Stück) | € 0,15 |
| 123g | Bambussprossen (1/3 Glas) | € 0,26 |
| 10ml | Sesam-Öl | € 0,07 |
| Salz, Pfeffer, Ingwer, Knoblauch, Sojasoße | | € 0,20 |
| **Gesamt: 1 Portion = Kosten** | | **€ 1,90** |

Wasser für die Nudeln aufstellen. Klein geschnittenes Hühnerfleisch mit frischem Ingwer, Knoblauch und Sojasoße vermischen und ca. 15 Minuten ziehen lassen. In der Zwischenzeit das Gemüse klein schneiden. Hühnerfleisch in die Pfanne geben und anbraten. Aus der Pfanne nehmen und in der gleichen Pfanne das Gemüse und die Bambussprossen anbraten. Währenddessen die Nudeln kochen (lt. Packungsanweisung meist nur 4-5 Minuten). Am Schluss alles zusammen nochmals in die Pfanne geben und kurz durchbraten. Abschließend abschmecken und servieren.

# Fettuccini mit Pute und Brokkoli in Orangencreme € 1,99
✓ schnelle Küche  ✓ einfach

463kcal pro Portion
Nährwerte: 34% Eiweiß, 32% Fett, 34% Kohlenhydrate (38,2g)

| | | |
|---|---|---|
| 100g | Putenfleisch geschnetzelt, Bio (50% Rabatt) | € 1,15 |
| 120g | Fettucchini, frisch (Hofer) | € 0,31 |
| 120g | Brokkoli | € 0,24 |
| 10ml | Sonnenblumenöl | € 0,05 |
| 15g | Sauerrahm (2 EL) | € 0,03 |
| | Orange (Saft einer halben Orange) | € 0,13 |
| | Senf, Salz, Pfeffer | € 0,08 |
| | **Gesamt: 1 Portion = Kosten** | **€ 1,99** |

Brokkoli-Röschen in Salzwasser insgesamt 5 Minuten kochen. Die Fettuccini nach 3 Minuten Kochzeit zum Brokkoli geben und die restlichen 2 Minuten mitkochen. Die Putenstreifen in Öl rundum anbraten und mit Salz und Pfeffer würzen. Brokkoli und Fettuccini abseihen und in die Pfanne zum Fleisch geben. Rahm, Senf und Orangensaft mischen und unterheben.

Wer dazu noch einen Blattsalat als Beilage serviert, muss mit 30 Cent mehr rechnen. (Sommerpreise: den Häupelsalat gibt es zur Zeit um 49 Cent das Stück, z.B. bei Lidl)

## Gänsefilet mit Blaukraut und Kartoffeln € 1,77
✓ 3 Portionen ✓ Low Carb ✓ Festtagsmenü

568kcal pro Portion (Gesamt-Menü)
Nährstoffe: 16% Eiweiß, 62% Fett, 22% Kohlenhydrate (28,9)

**Rotkraut / Blaukraut - 3 Portionen**

| | |
|---|---|
| Rotkraut (ca. 1/2 kleines St.) | € 0,36 |
| Zwiebel | € 0,05 |
| Butterschmalz | € 0,12 |
| Zucker | € 0,01 |
| Apfel | € 0,10 |
| Rotwein | € 0,16 |
| Preiselbeer-Konfitüre | € 0,12 |
| Zimt, Nelken, Lorbeerblatt, Salz, Pfeffer | € 0,20 |
| **Gesamt: 3 Portionen** | **€ 1,11** |
| Kosten pro Portion | € 0,37 |

**Blaukraut**: den Strunk entfernen und fein schneiden. Zwiebel fein schneiden und in Butterschmalz anrösten. Zucker karamellisieren und mit Rotwein (oder Essig) löschen, Kraut und Zwiebel dazugeben und mit ein wenig Wasser aufgießen. Gewürze (manche empfehlen auch Wacholderbeeren) dazugeben, einen Apfel in kleine Stücke schneiden und mitdünsten. Ca. eine Stunde garen und mit Preiselbeer-Konfitüre abschmecken.

# Gänsefilet - Fortsetzung € 1,77
✓ 3 Portionen ✓ Festtagsmenü ✓ Low Carb

### Gänsefilet mit Kartoffeln - 3 Portionen

| | | |
|---|---|---|
| 351g | Gänsefilet (Ungarn) 50% Rabatt | € 3,49 |
| 270g | Kartoffeln (3 mittlere) | € 0,36 |
| 40ml | Sonnenblumenöl | € 0,16 |
| Salz, Pfeffer, Cumin, Thymian | | € 0,20 |
| | **Gesamt: 3 Portionen** | € 4,21 |
| | Kosten pro Portion | € 1,40 |

**Gänsefilet**: die Fettschicht rautenförmig einschneiden, aber nicht bis ins Fleisch schneiden, auf beiden mit den Gewürzen einreiben und in Öl (oder Butterschmalz) rundum anbraten. Den Backofen auf 100° einschalten (Ober-/Unterhitze!). Das Filet in ein ofenfestes Gefäß geben, noch etwas aufgießen (Wasser oder Brühe) und im Backrohr ca. 1 Stunde fertig garen. Das Fleisch soll rosa, aber nicht roh sein. Das Filet in Scheiben schneiden und mit den Beilagen anrichten und servieren.

**Kartoffeln**: in der Schale garen.
Variante: schälen, in kleine Würfel schneiden und in Öl braten – schmeckt herrlich mit Salz und Rosemarin. (Ist etwas teurer)

## Bulgursalat (Taboulé) mit Putenstreifen € 1,80
✓ schnelle Küche ✓ einfach ✓ orientalisch

580kcal pro Portion
Nährwerte: 21% Eiweiß, 51% Fett, 28% Kohlenhydrate (38,9g)

| | | |
|---|---|---|
| 100g | Putenfleisch, Bio (50% Rabatt) | € 1,15 |
| 10ml | Sonnenblumenöl (zum Anbraten) | € 0,05 |
| 50g | Bulgur (Hartweizengrütze) | € 0,09 |
| 40g | Tomate (eine halbe) | € 0,09 |
| 40g | Zwiebel (eine halbe) | € 0,02 |
| 20ml | Olivenöl | € 0,11 |
| | Zitronensaft, Salz, Pfeffer | € 0,18 |
| | Petersilie und Minze (frisch vom Balkon) | € 0,10 |
| | **Gesamt: 1 Portion = Kosten** | **€ 1,80** |

Bulgur kochen: den Bulgur in einem Topf mit der 4-5fachen Menge kochendem Wasser bedecken und 8-10 Minuten bei schwacher Hitze köcheln. Bulgur muss noch bissfest sein. Dann abgießen und in eine (flache) Schüssel oder einen Suppenteller geben. Petersilie und Minze (wenn vorhanden, gerne auch Liebstöckl und Koriander) fein hacken, mit Olivenöl, Zitronensaft, Salz und Pfeffer unter den Bulgur mischen. Fein gehackte Zwiebel und Tomate ebenso. Schmeckt lauwarm oder kalt.
Putenstreifen in Öl anbraten, salzen, pfeffern und zum Salat anrichten.
Alternativen: Bulgursalat pur (65ct) oder mit Halloumi (€ 1,98) oder Feta (€ 1,30).

## Persische Fleischbällchen € 0,95
✓ 2 Portionen ✓ Low Carb ✓ Slow Cooking (2 Stunden)

572kcal pro Portion
Nährwerte: 21% Eiweiß, 60% Fett, 19% Kohlenhydrate (25,7g)

| | | |
|---|---|---|
| 250g | Faschiertes, gemischt | € 0,91 |
| 300g | Karotten | € 0,39 |
| 100g | Kartoffeln | € 0,13 |
| 150g | Zwiebeln | € 0,08 |
| 15ml | Sonnenblumenöl (1 EL) | € 0,07 |
| 70g | Tomatenmark (1 Dose, 2fach) | € 0,22 |
| Gewürze (Salz, Pfeffer, Kurkuma) | | € 0,10 |
| | **Gesamt: 2 Portionen** | **€ 1,90** |
| | Kosten pro Portion | € 0,95 |

Das Faschierte (Hackfleisch) mit einer halben Zwiebel (fein geschnitten), Salz und Pfeffer gut vermischen und kleine Bällchen formen. Die restlichen Zwiebeln in Öl anbraten, die geschnittenen Karotten dazugeben und mit Kurkuma bestreuen. Salzen, pfeffern und die Fleischbällchen vorsichtig drauf setzen. Das ganze bei schwacher Hitze eine Stunde garen. Dann die geschälten, gewürfelten Kartoffeln dazugeben und das Tomatenmark (mit etwas Wasser) darauf verteilen und nochmal eine Stunde bei schwacher Hitze weiter garen. Mit frischer Petersilie garnieren.

## Chili mit Banane und Mandeln € 1,64
✓ 4 Portionen ✓ Low Carb

720kcal pro Portion
Nährwerte: 22% Eiweiß, 61% Fett, 17% Kohlenhydrate (30g)

| | | |
|---|---|---|
| 500g | Faschiertes Fleisch (Hackfleisch) | € 3,99 |
| 400g | Kidney Bohnen (1 Dose) | € 0,49 |
| 120g | Zwiebel (1 große) | € 0,07 |
| 40ml | Sonnenblumenöl | € 0,21 |
| 70g | Tomatenmark 2fach, 1 Dose | € 0,65 |
| 50g | Mandeln (blanchiert) | € 0,64 |
| 120g | Banane (1 große) | € 0,12 |
| Salz, Pfeffer, Chili, Nelkenpulver, Lorbeer | | € 0,40 |
| | **Gesamt: 4 Portionen** | **€ 6,56** |
| | Kosten pro Portion | € 1,64 |

Die geschnittene Zwiebel in Öl anbraten, das Fleisch dazugeben und kurz durchbraten. Dann Tomatenstücke, Tomatenmark und ein bisschen Wasser dazu. Würzen mit Chili, Salz, Pfeffer, Nelkenpulver, Lorbeerblatt und ev. etwas Harissa (türkische Chili-Paste). Die Mandeln kann man selbst in heißem Wasser kurz kochen und dann schälen. Bei schwacher Hitze langsam garen. Die Banane wird in Scheiben geschnitten und kommt zum Schluss noch für 10 Minuten dazu.

## Essigwurst € 1,36 oder Schweizer Wurstsalat € 1,32
✓ schnelle Sommerküche

627kcal pro Portion
Nährwerte: 11% Eiweiß, 65% Fett, 24% Kohlenhydrate (34,2g)

| | | |
|---|---|---|
| 120g | Pariserkranzl (od. Extrawurst) | € 0,63 |
| 30g | Zwiebel | € 0,02 |
| | Essig, Öl | € 0,20 |
| | Radieschen | € 0,15 |
| 70g | Mischbrot | € 0,32 |
| 10g | Butter | € 0,05 |
| | **Gesamt: 1 Portion = Kosten** | **€ 1,36** |

Wurst dünn schneiden, Zwiebelringe drüber, mit Essig und Öl anrichten. Radieschen zum Garnieren sind fein. Dazu Brot oder Butterbrot.

### Schweizer Wurstslat

| | | |
|---|---|---|
| 50g | Pariserkranzl (od. Extrawurst) | € 0,26 |
| 50g | Emmentaler | € 0,27 |
| 30g | Zwiebel | € 0,02 |
| | Essig, Öl, Senf | € 0,25 |
| | Roter Spitzpaprika | € 0,20 |
| 70g | Mischbrot | € 0,32 |
| | **Gesamt: 1 Portion = Kosten** | **€ 1,32** |

# Einkaufstipp Winter-Gemüse
Gesund durch den Winter

Gemüse saisonal und regional einkaufen ist vernünftig und spart Geld. Natürlich hängt die Menge pro Mahlzeit davon ab, ob es als Hauptzutat oder nur als Beilage gerechnet wird. Die u.a. Beispiele sind Richtwerte und Hinweise, wie viel Portionen aus einem Kilo Gemüse gekocht werden können.

Hier ein Preisspiegel für die Wintersaison 2015/16:

| Preis/Kg | | pro Mahlzeit | | Geschäft |
|---|---|---|---|---|
| € 0,79 | Chinakohl (Aktion) | € 0,06 | 70g | Spar |
| € 2,65 | Cremespinat tiefgefroren (600g Pkg) | € 0,53 | 200g | Billa |
| € 1,49 | Erbsen tiefgefroren, Clever | € 0,22 | 150g | Billa |
| € 1,60 | Karfiol (per Stück: € 1,99 + 10% Aktion) | € 0,56 | 350g | Billa |
| € 2,38 | Karotten (Bio!) | € 0,48 | 200g | Spar |
| € 4,99 | Kren | € 0,05 | 10g | Billa |
| € 1,99 | Kürbis (Stangenkürbis, div.) | € 0,40 | 200g | Billa |
| € 2,32 | Letscho, tiefgefroren (600g € 1,39) | € 0,46 | 200g | Hofer |
| € 1,99 | Rote Rüben (Bio!) | € 0,30 | 150g | Spar |
| € 1,98 | Sauerkraut, Seeburger (500g zu € 0,99) | € 0,50 | 250g | Billa |
| € 0,79 | Weißkraut / Rotkraut | € 0,12 | 150g | Hofer |
| € 0,50 | Zwiebel | € 0,05 | 100g | Hofer |

# Einkaufstipp Sommer-Gemüse und Obst
Die Vielfalt genießen

Beim Sommergemüse kann man sehr gut die Preisschwankungen verfolgen. Kosten die Tomaten zu Beginn der Saison pro Kilo um die 4,98 Euro, so kosten sie zur Hauptsaison mitunter nur 1,19 Euro. Wer hier bewusst saisonal einkauft und kocht, kann viel Geld sparen. Ebenso verhält es sich beim Obst. Wer flexibel ist, hat den Kosten-Vorteil.

Hier ein Preisspiegel für die Sommersaison 2016:

| Preis/Kg | | pro Mahlzeit | | Geschäft |
|---|---|---|---|---|
| € 1,19 | Melanzani | € 0,20 | 150g | Lidl |
| € 1,29 | Zucchini (1St. =236g) | € 0,25 | 190g | Billa |
| € 1,19 | Tomaten | € 0,24 | 200g | Merkur |
| € 1,76 | Gurken (0,79/Stk) | € 0,40 | 1/2 Gurke | Lidl |
| € 0,82 | Häupelsalat 0,49/Stk | € 0,12 | 150g | Lidl |
| € 1,98 | Brokkoli (500g) | € 0,40 | 200g | Hofer |
| € 0,49 | Frühkraut | € 0,12 | 250g | Lidl |
| € 2,98 | Spitzpaprika, rot | € 0,30 | 100g | Lidl |
| € 1,75 | Marillen (2kg Pack) | € 0,35 | 1 Stück | Merkur |
| € 3,98 | Erdbeeren (500g Pack) | € 0,40 | 100g | Billa |
| € 1,79 | Trauben | € 0,27 | 150g | Lidl |
| € 1,49 | Weingartenpfirsiche | € 0,24 | 1 Stück | Lidl |
| € 2,66 | Kiwi (Clever) | € 0,19 | 1 Stück | Merkur |
| € 1,79 | Orangen | € 0,30 | 1 Stück | Hofer |
| € 1,49 | Zwetschken | € 0,22 | 150g | Billa |

## Bröselkarfiol mit Kartoffeln und Feta € 1,44
✓ vegetarisch

**Bröselkarfiol**
704 Kalorien pro Person
Nährstoffe: 15% Eiweiß, 59% Fett, 26% Kohlenhydrate (44,3g)

| | | |
|---|---|---|
| 370g | Karfiol (€ 1,79 je Stk / Aktion) | € 0,66 |
| 85g | Kartoffel, Bio (1 mittelgroße) | € 0,11 |
| 40g | Butter, Clever | € 0,22 |
| 30g | Semmelbrösel, Clever | € 0,03 |
| 50g | Feta (25% Aktion!) | € 0,32 |
| | Salz, Petersilie od. Schnittlauch | € 0,10 |
| | **Gesamt: 1 Portion = Kosten** | **€ 1,44** |

Für manche vielleicht eine ungewöhnliche Kombination. Aber diese Kobmi enthält alles, was der Körper braucht. Und wenn man die Kartoffeln weg lässt, hat man sowieso ein tolles Low-Carb Essen (nur 31g bzw. 20% Kohlenhydrat-Anteil) bei 640 Kalorien. Satt wird man so und so.

Um den Preis geht sich hinterher auch noch ein Apfel aus, oder ein Stück dunkle Schokolade.

# Karfiol-Käse Gratin € 1,60
✓ vegetarisch ✓ Low Carb

685 Kalorien pro Person
Nährstoffe: 20% Eiweiß, 65% Fett, 15% Kohlenhydrate (24,6)

| | | |
|---|---|---|
| 350g | Karfiol (€ 1,79 je Stk / Aktion) | € 0,63 |
| 30g | Butter, Clever | € 0,16 |
| 100ml | Suppenbrühe oder Wasser | € 0,03 |
| 100ml | Vollmilch | € 0,21 |
| 15g | Mehl (1 -2 Esslöffel) | € 0,03 |
| 60g | Emmentaler (15% Rabatt) | € 0,46 |
| | Salz, Muskat, Pfeffer | € 0,08 |
| | **Gesamt: 1 Portion = Kosten** | **€ 1,60** |

Optionen zum „upgrading": Schinken schneiden und unter mischen, oder einfach ein paar Clever Käsestangen dazu knabbern. Und ein Glas Weißwein geniessen. Muss aber alles nicht sein.

Den Karfiol in Röschen teilen und in Salzwasser garen.
Bechamel-Sauße: Das Mehl in der heißen Butter anschwitzen, Brühe und Milch unter Rühren zugießen. 10 Minuten köcheln lassen, häufig rühren bis es dickflüssig ist. Mit Salz und Muskat, ev. Pfeffer würzen. Karfiol (Blumenkohl) in die Auflaufform schichten, mit der Bechamel Soße übergießen und geriebenen Emmentaler (o.a. würzigen, fetten Käse verwenden) bestreuen. Im vorgeheizten Backrohr ca. 20-30 Minuten bei 180° backen.
Falls immer noch ein Stück vom Karfiol übrig ist, dann empfiehlt sich Cremesuppe :-)

## Karfiol Curry mit roten Linsen und Bio-Tofu € 1,60
✓ vegan ✓ indisch

652 Kalorien pro Portion
Nährstoffe: 24% Eiweiß, 39% Fett, 37% Kohlenhydrate (56,6g)

| | | |
|---|---|---|
| 100g | Karfiol | € 0,18 |
| 100g | Erbsen, tiefgefroren | € 0,15 |
| 100g | Kartoffeln | € 0,13 |
| 50g | Rote Linsen | € 0,16 |
| 80g | Zwiebel (mittelgroß) | € 0,04 |
| 100g | Tofu, Bio (VegaVita) | € 0,66 |
| 10ml | Sonnenblumenöl (1 EL) | € 0,05 |
| 10ml | Olivenöl (1 EL) | € 0,08 |
| | Gewürze: Salz, Curry, Petersilie | € 0,15 |
| | **Gesamt: 1 Portion = Kosten** | **€ 1,60** |

Karfiol (Blumenkohl) in kleine Röschen teilen, Kartoffel schälen und klein würfeln, Zwiebel fein schneiden. Das Sonnenblumenöl in einer Pfanne erhitzen, Curry anrösten, Zwiebel dazugeben, dann das restliche Gemüse und die roten Linsen, mit Wasser aufgießen und 20-30 Minuten garen, bis die Linsen weich sind. Salzen und abschmecken, mit Petersilie anrichten. Tofu in kleine Würfel schneiden und in Olivenöl extra anbraten, salzen. Natürlich kann man Tofu in den Topf mit dem Gemüse geben, aber ich mag die extra gebratene Variante lieber.

Grundsätzlich eignet sich so ziemlich alles Gemüse für eine Curry-Speise. Alles gut.

# Eier-Curry mit Kartoffeln und Blattsalat € 1,68
✓ vegetarisch ✓ indisch

735 Kalorien pro Portion
Nährstoffe: 13% Eiweiß, 60% Fett, 27% Kohlenhydrate (47,2g)

| | | |
|---|---|---|
| 2 | Eier (Freiland) | € 0,50 |
| 250g | Kartoffeln | € 0,25 |
| 85g | Zwiebel (mittelgroß) | € 0,05 |
| 20ml | Sonnenblumenöl | € 0,11 |
| 10g | Butterschmalz | € 0,01 |
| | Gewürze | € 0,25 |
| 20g | Jogurt 0,1% Fett (1 EL) | € 0,02 |
| 70g | Blattsalat mit Essig u. Öl | € 0,50 |
| | **Gesamt: 1 Portion = Kosten** | **€ 1,68** |

Kartoffeln schälen, in Scheiben (ca. 0,5cm) schneiden, mit Kurkuma vermischen und in Öl anbraten. Die gekochten Eier schälen und mehrfach einritzen.
Zwiebel fein schneiden und in Ghee oder Butterschmalz zusammen mit Gewürzen anbraten: Ingwer, Nelken, Kardamom, Zimt und Lorbeer, Kurkuma und Chili.
Die Kartoffeln, Eier, Salz sowie ca. 1/8 Liter Wasser dazugeben und 15-20 Minuten köcheln, bis die Kartoffeln weich sind. Mit grüner Petersilie garnieren.

## Tofu-Gemüse in Erdnuss Soße mit Reis € 1,98

✓ vegan ✓ schnelle Küche

750kcal pro Portion (kalorienreich aufgrund des Erdnuss-Mus!)
Nährstoffe: 24% Eiweiß, 40% Fett, 36% Kohlenhydrate (64,6g)

| | | |
|---|---|---|
| 50g | Reis | € 0,08 |
| 100g | Tofu | € 0,66 |
| 100g | Karfiol | € 0,18 |
| 100g | Kürbis | € 0,20 |
| 80g | Karotte (mittel bis klein) | € 0,14 |
| 80g | Erbsen, tiefgefroren | € 0,15 |
| 45g | Erdnuss Mus (ca. 1 EL) | € 0,35 |
| 30ml | Soja Sauce | € 0,20 |
| | Salz | € 0,02 |
| **Gesamt: 1 Portion = Kosten** | | **€ 1,98** |

Reis mit doppelter Menge Wasser zustellen und dünsten. Tipp: mit ein wenig Öl im Topf glasig dünsten und dann aufgießen – so gelingt es immer! Dann das Erdnuss-Mus mit Sojasauce und Wasser in einer Pfanne verrühren und erhitzen, klein geschnittene Tofu Würfel und Gemüse dazu und garen bis das Gemüse bissfest ist. Fertig.
Verbessern kann man mit einem Löffel Tahin (Seseampaste) im Soße-Gemisch und am Ende etwas Gomasio (Sesam-Salz) zum Reis. Muss aber nicht sein.

## Tofu mit Kraut und Linsen-Reis € 1,45
✓ vegan ✓ schnelle Küche

545kcal pro Portion
Nährstoffe: 25% Eiweiß, 37% Fett, 38% Kohlenhydrate (51,0g)

| | | |
|---|---|---|
| 50g | Reis-Linsen | € 0,11 |
| 100g | Tofu | € 0,66 |
| 400g | Weißkraut | € 0,32 |
| 30ml | Soja Sauce | € 0,20 |
| | Salz, Cumin, Pfeffer, Öl | € 0,16 |
| | **Gesamt: 1 Portion = Kosten** | **€ 1,45** |

Reis und rote Linsen im Topf gemeinsam garen.
Zwiebel klein schneiden, in Öl anbraten, Tofu-Würfel dazugeben und mitbraten, dann das Kraut in mundgroßen Stücken dazugeben und mit Sojasoße ablöschen. Würzen und ca. 20 Minuten fertig garen.

Tipp: Da Tofu neutral schmeckt, kann man in viele Geschmacksrichtungen experimentieren, sei es mit kräftiger Sojasauce, indischem Curry, Erdnussbutter oder Kokosmilch.

## Veganes Chili mit Aubergine und Süßkartoffel € 1,74
✓ 2 Portionen ✓ vegan

444kcal pro Portion
Nährstoffe: 18% Eiweiß, 30% Fett, 52% Kohlenhydrate (56,3g)

| | | |
|---|---|---|
| 290g | Aubergine (1 Stück) | € 1,29 |
| 270g | Süßkartoffel | € 0,61 |
| 255g | Kidneybohnen (1 Dose) | € 0,49 |
| 20ml | Sesam-Öl oder Wok-Öl | € 0,14 |
| 85g | Zwiebel (1 Stück) | € 0,04 |
| 6g | Knoblauch (2 Zehen) | € 0,01 |
| 255g | Tomaten (1 Dose) | € 0,33 |
| 10g | Dattelsirup (ca. 1 TL) | € 0,06 |
| Chili, Cumin, Zimt, Lorbeer, Salz, Pfeffer | | € 0,20 |
| 60g | Tofu | € 0,30 |
| | **Gesamt: 2 Portionen** | **€ 3,47** |
| | Kosten pro Portion | € 1,74 |

Zwiebel und Knoblauch in Öl anbraten, Gewürze (Chili, Cumin, Zimt, Lorbeer anbraten). Tomatenstücke, gewürfelte Süßkartoffel und Aubergine dazu geben, ebenso 1 Teelöffel Dattelsirup (oder Honig) einrühren; salzen, pfeffern und bei schwacher Hitze garen, bis das Gemüse weich ist. Dann klein gewürfeltes Tofu dazu und noch etwa 10 Minuten weitergaren. Anrichten und mit Petersilie garnieren. Vorsicht: scharf!

## Geschmorter Kürbis mit Feta  € 1,73
✓ vegetarisch  ✓ glutenfrei

582 Kalorien pro Portion
Nährstoffe: 16% Eiweiß, 53% Fett, 32% Kohlenhydrate (44,3g)

| | | |
|---|---|---|
| 200g | Kürbis (Stangenkürbis o.a.) | € 0,40 |
| 220g | Kartoffeln, Bio (Hofer) | € 0,29 |
| 70g | Feta (Merkur, 25%) | € 0,44 |
| 20ml | Olivenöl (2 EL) - Aktion € 7,99 | € 0,44 |
| | Salz, Pfeffer, Salbei, Thymian | € 0,10 |
| | **Gesamt: 1 Portion = Kosten** | **€ 1,73** |

Ofen auf 180° Ober/Unterhitze vorheizen. Kürbis und Kartoffeln jeweils schälen und in Scheiben schneiden, in einen Bräter schichten und mit Olivenöl mischen. Mit Salz, Pfeffer und Thymian würzen. 30 Minuten im Rohr schmoren. Dann mit Salbei und zerbröseltem Feta bestreuen und nochmals 15 Minuten schmoren.
Köstlich dazu ein Glas Rotwein - an Sonn- oder Feiertagen :-)

Tipp: man kann viele Gemüsesorten im Rohr schmoren - vor allem die festeren Sorten. Allerdings dauert es länger und ist für kleine Mengen nicht sehr ökonomisch. Daher mache ich es eher, wenn Gäste kommen, damit es sich lohnt.

## Erdäpfelschmarrn mit Spinat und Spiegelei € 1,40
✓ vegetarisch ✓ glutenarm ✓ traditionell

547kcal pro Portion
Nährstoffe: 16% Eiweiß, 44% Fett, 40% Kohlenhydrate (52,1g)

| | | |
|---|---|---|
| 270g | Kartoffel (Bio, Hofer) - 3 Stück | € 0,36 |
| 200g | Cremespinat (Billa) | € 0,53 |
| 55g | Spiegelei , 1 Stück (Bio, Hofer) | € 0,35 |
| 90g | Zwiebel (1 Stück) | € 0,05 |
| 10g | Butterschmalz | € 0,12 |
| | **Gesamt: 1 Portion = Kosten** | **€ 1,40** |

Kartoffeln kochen und schälen. Zwiebel in Butterschmalz anrösten und dann die Kartoffeln darin zerstampfen, salzen. Cremespinat auftauen und wärmen. Ein Spiegelei dazu. Das ergibt eine ausreichend ausgewogene Ernährung, die man nicht verachten sollte. Vor allem, wenn man so wie ich, (Bio-)Kartoffeln liebt.

Einfache Küche für alle, die genug von Fleisch und Festtagsbraten haben!

# Halloumi mit gerührter Polenta und Champignons € 2,03
✓ vegetarisch ✓ schnelle Küche

832kcal pro Portion (mit gegrillter Tomate: plus 14 kcal und 43ct)
Nährstoffe: 18% Eiweiß, 60% Fett, 22% Kohlenhydrate (44,7g)

| | | |
|---|---|---|
| 50g | Maisgrieß (Polenta) | € 0,08 |
| 100ml | Milch (+200ml Wasser) | € 0,10 |
| 100g | Champignons | € 0,40 |
| 125g | Halloumi Bratkäse (Aktion) | € 1,33 |
| 20ml | Sonnenblumenöl | € 0,08 |
| | Salz, Pfeffer, Petersilie | € 0,05 |
| | **Gesamt: 1 Portion = Kosten** | **€ 2,03** |

Die Pilze putzen, blättrig schneiden und in Öl anbraten.
Das Milch-Wasser-Gemisch zum Kochen bringen, salzen und mit einem Schneebesen die Polenta einrühren. Wenn es gut eingerührt ist, vom Herd nehmen und quellen lassen, dabei immer wieder rühren. Den Halloumi in Öl ebenfalls anbraten, bis er eine goldgelbe Farbe hat. Wer mag, kann noch eine Tomate halbieren und mitbraten. Am Schluss mit Petersilie bestreuen.
Das Rezept ist dehalb so teuer und kalorienreich, weil die Portion Halloumi 125g statt 100g wiegt. Das verlangt nach einem intensiven Workout!

# Hirsotto mit Käse und Chinakohl-Wokgemüse € 1,15

✓ vegetarisch  ✓ glutenfrei

665kcal pro Portion
Nährstoffe: 17% Eiweiß, 55% Fett, 28% Kohlenhydrate (43,9g)

| | | |
|---|---|---|
| 50g | Hirse, Bio (dm) | € 0,20 |
| 40g | Zwiebel (klein oder halbes Stk) | € 0,02 |
| 85g | Karotte (mittel bis klein) | € 0,15 |
| 60g | Emmentaler (€ 5,77/kg) | € 0,35 |
| 100g | Chinakohl | € 0,08 |
| 20ml | Olivenöl (je 1 EL) | € 0,16 |
| 30ml | Soja Sauce | € 0,20 |
| | **Gesamt: 1 Portion = Kosten** | **€ 1,15** |

Zwiebel in Öl glasig dünsten, Hirse und geriebene Karotten dazu geben und kurz mitdünsten. Mit Wasser oder Brühe aufgießen und zum Kochen bringen. Bei nun geringer Hitze ca. 15-20 Min. aufquellen lassen. Den Käse reiben und vor dem Servieren unterheben. Für das Wok-Gemüse den Chinakohl in Streifen schneiden und in Öl anbraten. Mit Sojasauce ablöschen, salzen und ein paar Minuten weiter rühren, bis das Gemüse durch, aber noch knackig schmeckt. Gern mit Petersilie garnieren. (Tipp: ein Kräutertopf mit Petersilie am Fensterbrett ist ideal)
Alternative: (Chinakohl-) Salat statt Wok-Gemüse.

# Dinkelspiralen mit Österkron Soße und Zucchini € 1,83
✓ vegetarisch  ✓ schnelle Küche

711kcal pro Portion
Nährstoffe: 16% Eiweiß, 39% Fett, 45% Kohlenhydrate (78,0g)

| | | |
|---|---|---|
| 100g | Dinkel-Spirelli | € 0,30 |
| 50g | Österkron | € 0,80 |
| 20g | Sauerrahm | € 0,04 |
| 150g | Zucchini | € 0,41 |
| 10ml | Olivenöl | € 0,08 |
| Salz, Pfeffer, Knoblauch, Salbei, Paprika-Pulver | | € 0,20 |
| **Gesamt: 1 Portion = Kosten** | | **€ 1,83** |

Für die Soße den Käse zerbröseln und in einer Pfanne erhitzen, Sauerrahm dazugeben und ein wenig Wasser, damit sich eine dickflüssige Soße ergibt. Ich würze gern mit Pfeffer, Knoblauch und Salbei, obwohl der Österkron selbst schon würzig schmeckt und auch ohne extra Gewürze auskommt. Nudeln nach Anweisung kochen. Zucchini in Stücke oder Scheiben schneiden und in Olivenöl kurz anbraten. Mit Salz und rotem Paprikapulver würzen und noch eine Minute fertig braten.
PS: ich bevorzuge Dinkel statt Weizen, wenn geht, weil besser verträglich.

## Letscho Variationen ab € 1,23
✓ vegetarisch ✓ schnelle Küche

**Letscho mit Couscous und Feta € 1,23**
551kcal pro Portion
Nährstoffe: 21% Eiweiß, 44% Fett, 35% Kohlenhydrate (48,0g)

| | | |
|---|---|---|
| 200g | Letscho (Hofer) | € 0,40 |
| 50g | Couscous | € 0,19 |
| 100g | Feta | € 0,63 |
| | Salz | € 0,01 |
| | **Gesamt: 1 Portion = Kosten** | **€ 1,23** |

Letscho auftauen und erhitzen. Couscous mit dem aufgekochten Wasser oder Brühe (doppelte Menge Flüssigkeit) übergießen und 10 Minuten. ziehen lassen. Feta zerbröseln oder klein schneiden und mit der Gabel unterheben.

Zum Vergleich: Die Portion Letscho von Ja!Natürlich kostet (mit 25% Rabatt) 1 Euro statt 40ct. von Hofer. Die Bio-Variante enthält weniger Zucker, aber der Preisunterschied ist enorm.
Achtung: im Winter nehme ich Tiefkühl-Letscho, denn da ist das Gemüse teurer als das fertige Produkt. Und meistens noch aus Spanien oder sonstwo her.

# Letscho Variationen - Fortsetzung
✓ vegetarisch  ✓ schnelle Küche

**Letscho mit Polenta und Österkron ab € 1,40 (mit Letscho vom Hofer)**
546kcal pro Portion
Nährstoffe: 16% Eiweiß, 32% Fett, 52% Kohlenhydrate (68,7g)

| | | |
|---|---|---|
| 225g | Letscho (Ja!) | € 1,12 |
| 60g Polenta (Billa) | | € 0,10 |
| 50g Österkron | | € 0,60 |
| 20ml | Milch, 1 Prise Salz | € 0,08 |
| **Gesamt: 1 Portion = Kosten** | | **€ 1,90** |

Polenta: 3fache Menge Wasser (mit Milch gemischt) in Topf aufkochen, Polenta einrühren, Käse (zerbröselt) dazu, salzen, ev. Suppenwürze. Quellen lassen. Konsistenz wie Püree.

**Letscho selbst gekocht ca. € 0,50** (je Portion)
1 Zwiebel, 2 Tomaten (blanchieren und häuten) und 2 Paprika schneiden. Zuerst die Zwiebeln glasig anbraten. Paprikapulver dazugeben und mitbraten. Dann mit Essig ablöschen. Tomaten und rote Paprika dazu geben und gut umrühren. Tomatenmark und bei Bedarf Wasser dazu. Alles aufkochen lassen und mit Salz und Pfeffer abschmecken. Insgesamt ca. 10 Minuten bei mittlerer Hitze kochen lassen. Immer wieder umrühren. Reicht für 2 Portionen.

**Tipp: Letscho schmeckt auch wunderbar zu Kotelett oder Naturschnitzel.**

## Curry-Kartoffeln in Tomatensoße und Beluga-Salat € 1,60
✓ 2 Portionen ✓ vegan

556kcal pro Portion
Nährstoffe: 16% Eiweiß, 27% Fett, 57% Kohlenhydrate (73g)

| | | |
|---|---|---|
| 400g | Kartoffeln | € 0,40 |
| 20ml | Sesam-Öl | € 0,14 |
| 400g | Geschälte Tomaten (Clever) | € 0,39 |
| 10ml | Zitronensaft | € 0,09 |
| | Gewürze u. frische Petersilie | € 0,15 |
| 100g | Belugalinsen | € 0,60 |
| 200g | Papaya (1/2 Stück) - Aktion b. Lidl | € 1,00 |
| 40g | Zwiebel (eine halbe) | € 0,02 |
| 95g | Spitzpaprika (1 Stück) | € 0,28 |
| | Dressing: Olivenöl, Apfelessig, Senf, Salz | € 0,15 |
| | **Gesamt: 2 Portionen** | **€ 3,21** |
| | Kosten pro Portion | € 1,60 |

**Gewürze (Cumin, Kurkuma, Paprikapulver, Koriander, Salz, Pfeffer Lorbeerblatt)** in Öl anbraten, die Tomatenstücke dazugeben und köcheln lassen. Gehackte Petersilie dazu geben. Kartoffeln schälen und würfeln und in die Pfanne geben. Alles zusammen ca. 40 Minuten garen, bis die Kartoffeln weich sind. Zitronensaft dazu. Petersilie drüber streuen.
**Salat**: Belugalinsen ca. 30 Minuten kochen, bis sie gar sind. Papaya, Spitzpaprika und Zwiebel in kleine Stücke schneiden und mit Öl, viel Essig, Senf und Salz marinieren.

# Persischer Linsen-Dip mit Feta und Roggenbrot € 1,38
✓ 2 Portionen ✓ vegetarisch

753kcal pro Portion
Nährstoffe: 18% Eiweiß, 56% Fett, 26% Kohlenhydrate (48,8g)

| | | |
|---|---|---|
| 100g | Linsen (rot, schwarz oder gelb) | € 0,50 |
| 105g | Zwiebel (1 Stück) | € 0,05 |
| 10ml | Sonnenblumenöl (z. Anbraten) | € 0,04 |
| 50ml | Olivenöl | € 0,25 |
| | Gewürze (Salz, Pfeffer, Kurkuma) | € 0,40 |
| | **Gesamt: 2 Portionen** | **€ 1,24** |
| | Kosten pro Portion | € 0,62 |

80g Feta und 1-2 Scheiben Roggenbrot pro Person kommen auf 76 Cent.
**Die Gesamkosten pro Portion betragen somit € 1,38**

Zwiebel in etwas Öl andünsten, die Linsen dazugeben und mit Wasser aufgießen. Gewürze: Salz, Pfeffer, Kurkuma (Minimalvariante). Super schmeckt dazu getrocknete Minze, Zitronensaft, Koriander. Bis zu einer Stunde bei schwacher Hitze kochen. Am Schluss Olivenöl und noch etwas Wasser dazugeben und mit einem Stabmixer pürieren. Lauwarm oder kalt genießen. - Aufpeppen kann man mit Oliven, und besonders im Sommer mit Tomaten und Gurken als Beilage.

# Schnelle Linsensuppe mit Feta und Prosciutto zur Jause € 1,94
✓ 2 Portionen ✓ schnelle Küche ✓ vegane Suppe

520kcal pro Person (ohne Rotwein)
Nährstoffe: 26% Eiweiß, 31% Fett, 43% Kohlenhydrate (58g)

| | | |
|---|---|---|
| 50g | rote Linsen | € 0,16 |
| 40g | Zwiebel (eine halbe) | € 0,02 |
| 100g | Karotte (mittelgroß) | € 0,24 |
| 80g | Kartoffel (mittelgroß) | € 0,11 |
| 5g | Kokosfett (1TL) | € 0,55 |
| | Gewürze (Grüner Curry, Salz, Pfeffer) | € 0,20 |
| 10ml | Zitronensaft | € 0,20 |
| 150g | Ciabatta | € 0,50 |
| 80g | Feta | € 0,51 |
| 100g | Prosciutto | € 1,39 |
| | **Gesamt: 2 Portionen** | **€ 3,87** |
| | Kosten pro Portion | € 1,94 |

Zwiebel in Kokosöl glasig dünsten, Linsen und klein geschnittenes Gemüse (Kartoffel, Karotte) dazu; die Gewürze reingeben und kurz mitrösten. Man kann natürlich nach Belieben würzen (zusätzlich: Kurkuma, Koriander, Cumin und ein wenig Chili). Nach ca. 20 Minuten mit dem Stabmixer pürieren, Zitronensaft dazugeben und abschmecken.

# Buchweizen-Bratlinge mit Gurken-Joghurt Sauce € 1,53
✓ 2 Portionen  ✓ vegetarisch  ✓ glutenarm

556kcal pro Portion
Nährstoffe: 12% Eiweiß, 46% Fett, 42% Kohlenhydrate (56,6g)

| | | |
|---|---|---|
| 100g | Buchweizen, Bio | € 0,50 |
| 40g | Zwiebel (halbes Stück) | € 0,02 |
| 1 | Ei (Bio) | € 0,35 |
| | Salz, Pfeffer, Sojasauce | € 0,12 |
| 30g | Mehl und Semmelbrösel zum Binden | € 0,05 |
| 20ml | Sonnenblumenöl zum Braten | € 0,08 |
| 400g | Salatgurke (1 Stück) | € 0,79 |
| 100g | Sauerrahm | € 0,20 |
| 100g | Joghurt | € 0,12 |
| 6g | Knoblauchzehen (2 Stück) | € 0,48 |
| 10ml | Zitronensaft (1/2) | € 0,25 |
| 10ml | Olivenöl | € 0,06 |
| | Salz, Pfeffer, Dill | € 0,05 |
| | **Gesamt: 2 Portionen** | **€ 3,05** |
| | Kosten pro Portion | € 1,53 |

Buchweizen mit gleicher Menge Wasser und Salz aufkochen und quellen lassen. Mit den anderen Zutaten zu flachen Bratlingen formen und in Öl kurz beidseitig anbraten.
Gurke schälen, raspeln, ausdrücken und mit den anderen Zutaten mischen, kalt stellen.

# Fenchel nepalesisch mit Mozzarella und Couscous € 1,30
✓ 2 Portionen ✓ vegetarisch ✓ scharf

540kcal pro Portion
Nährstoffe: 15% Eiweiß, 51% Fett, 34% Kohlenhydrate (44,5g)

| | | |
|---|---|---|
| 170g | Fenchel (1/2 Knolle) | € 0,75 |
| 200g | Tomaten (1/2 Dose) | € 0,30 |
| 85g | Zwiebel (1 Stück) | € 0,05 |
| 65g | Champignons (ca. 5 Stück) | € 0,19 |
| 15ml | Sonnenblumenöl | € 0,07 |
| 100g | Couscous | € 0,32 |
| 25g | Butter | € 0,14 |
| 125g | Mozzarella (Clever) | € 0,59 |
| Gewürze (Ingwer, Salz, Zucker, Chili...) | | € 0,20 |
| | **Gesamt: 2 Portionen** | **€ 2,60** |
| | Kosten pro Portion | € 1,30 |

Öl in einer Pfanne erhitzen, Chili und Ingwer anbraten und dann den fein geschnittenen Fenchel hinzugeben und mitbraten. Die Zwiebel dazu und weiter braten, bis diese goldgelb wird. Nun Champignons und Tomaten (Dose) hinzugeben, salzen und weiter kochen, bis die gewünschte Konsistenz erreicht ist. Alles in eine Auflaufformgeben und mit Mozzarella belegen. Im Ofen ca. 20 Minuten backen, bis der Käse ein leichte Bräunung aufweist. Dazu Couscous (mit Butterflocken).

# Pilz-Tofu Stroganoff € 1,63 - mit Blattsalat € 2,13
✓ vegetarisch  ✓ schnelle Küche

673kcal pro Portion
Nährstoffe: 18% Eiweiß, 50% Fett, 30% Kohlenhydrate (48,2g), 2% Alkohol

| | | |
|---|---|---|
| 100g | Tofu | € 0,50 |
| 85g | Zwiebel (mittelgroß) | € 0,05 |
| 200g | Champignons | € 0,60 |
| 15ml | Sonnenblumenöl | € 0,07 |
| 100g | Sauerrahm | € 0,16 |
| 20ml | Rotwein | € 0,05 |
| 50g | Weißer Reis | € 0,06 |
| Salz, Pfeffer, Paprika, Thymian, Sojasoße | | € 0,15 |
| **Gesamt: 1 Portion = Kosten** | | **€ 1,63** |

Klein geschnittene Zwiebel in Öl braten, die Tofu-Würfel dazugeben und kurz mitbraten. Paprikapulver und Thymian ebenfalls kurz mitbraten und mit Rotwein ablöschen. Die geputzten und geschnittenen Pilze dazugeben, salzen, pfeffern, mit Sojasoße würzen und ggf. ein wenig mit Wasser aufgießen. Ca. 15 Minuten fertig garen. Am Schluss den Rahm (ev. mit einem Löffel Mehl verrühren) einrühren. Mit frischer Petersilie garnieren, wenn vorhanden. Dazu weißen Reis servieren.

Vegane Variante: statt Sauerrahm ein Soja-Ersatzprodukt verwenden.

## Zitronen-Fenchel Risotto € 1,40
✓ vegetarisch

429kcal pro Portion
Nährstoffe: 9% Eiweiß, 40% Fett, 47% Kohlenhydrate (49,3g), 4% Alkohol

| | | |
|---|---|---|
| 170g | Fenchel (halbes Stück) - Aktion! | € 0,51 |
| 50g | Reis | € 0,18 |
| 40g | Zwiebel (eine halbe) | € 0,02 |
| 10ml | Olivenöl | € 0,07 |
| 5g | Kapern | € 0,05 |
| 10ml | Zitronensaft (1/2 Zitrone) | € 0,25 |
| 30ml | Weißwein | € 0,07 |
| 3g | Knoblauch (1 Zehe) | € 0,02 |
| 20g | Schlagobers | € 0,07 |
| 6g | Parmesan, gerieben (Rapesan) | € 0,09 |
| | Gewürze (Salz, Pfeffer) | € 0,05 |
| | **Gesamt: 1 Portion = Kosten** | **€ 1,40** |

Geschnittene Zwiebel in Olivenöl glasig werden lassen, Fenchel dazu rühren. Dann den Reis, bis er glasig ist und mit Weißwein ablöschen. Knoblauch (gepresst oder geschnitten) dazu und unter Rühren mit Wasser (oder Brühe) laufend einkochen lassen. Wenn der Reis fast gar ist, kommen Kapern, Obers, Parmesan sowie Salz und Pfeffer dazu.
Mit Fenchelgrün garnieren. Schmeckt pfiffig durch Zitronensaft und Kapern.

# Erdäpfel-Fisolengulasch mit Tofu € 1,23
✓ 3 Portionen ✓ vegetarisch ✓ bei Verzicht auf Sauerrahm sogar VEGAN!

467kcal pro Portion
Nährstoffe: 21% Eiweiß, 47% Fett, 32% Kohlenhydrate (36,2g)

| | | |
|---|---|---|
| 300g | Tofu | € 1,49 |
| 450g | Kartoffeln | € 0,27 |
| 150g | Zwiebeln | € 0,08 |
| 30ml | Sonnenblumenöl | € 0,16 |
| 70g | Tomatenmark 2fach, 1 Dose | € 0,65 |
| 30ml | Apfelessig | € 0,09 |
| 250g | Fisolen (Grüne Bohnen) | € 0,63 |
| 80g | Sauerrahm | € 0,16 |
| | Paprika, Salz, Pfeffer | € 0,15 |
| | **Gesamt: 3 Portionen** | **€ 3,68** |
| | Kosten pro Portion | € 1,23 |

Zwiebel in Sonnenblumenöl anrösten, Kartoffelwürfel und Tofu-Würfel kurz mitrösten. Mit Paprika würzen, kurz umrühren und dann mit Essig ablöschen. Mit Wasser aufgiessen. Salz und Pfeffer sowie Tomatenmark einrühren. Die Fisolen waschen und schneiden (dabei die Enden abschnippen) und ca. 30 Minuten garen. Zum Schluss mit etwas Sauerrahm verfeinern.

# Bulgur mit grösteten Karotten, Minze und Feta € 1,50
✓ 2 Portionen ✓ vegetarisch

738kcal pro Portion
Nährwerte: 16% Eiweiß, 55% Fett, 29% Kohlenhydrate (57,1g)

| | | |
|---|---|---|
| 100g | Bulgur (Hartweizengrütze) | € 0,18 |
| 400g | Karotten | € 0,52 |
| 30ml | Olivenöl (2 EL) | € 0,17 |
| 50g | Mandeln | € 0,64 |
| 150g | Feta | € 0,95 |
| 50ml | Zitronensaft (2-3 EL) | € 0,40 |
| | Cumin, Ingwer, Salz, Pfeffer | € 0,07 |
| | Frische Minze (vom Balkon) | € 0,08 |
| | **Gesamt: 2 Portionen** | **€ 3,00** |
| | Kosten pro Portion | € 1,50 |

Karotten in kleine Spalten schneiden (stifteln), mit Öl und Gewürzen vermischen und im vorgeheizten Rohr ca. 30-40 Minuten bei 180 Grad rösten. Bulgur in einem Topf mit der 4-5fachen Menge kochendem Wasser bedecken und 8-10 Minuten bei schwacher Hitze köcheln. Bulgur muss noch bissfest sein. Dann abgießen und in die Backform zu den Karotten geben. Blanchierte Mandeln, frische Minze, Zitronensaft und etwas Pfeffer dazugeben und alles gut vermischen. Mit zerkrümeltem Feta bestreuen.

# Kichererbsen-Halloumi Salat € 1,70
✓ 2 Portionen ✓ vegetarisch ✓ schnelle Küche

476kcal pro Portion
Nährwerte: 19% Eiweiß, 58% Fett, 23% Kohlenhydrate (24,7g)

| | | |
|---|---|---|
| 100g | Halloumi (1/2 Pkg) | € 1,20 |
| 400g | Kichererbsen (1 Dose) | € 0,90 |
| 120g | Tomate (1 Stück) | € 0,26 |
| 45g | Zwiebel (ein halbes Stk) | € 0,27 |
| 30ml | Olivenöl (ca. 2 EL) | € 0,17 |
| 4ml | Saft einer ganzen Zitrone | € 0,40 |
| 10g | Koriander (frisch); Salz und Pfeffer | € 0,20 |
| | **Gesamt: 2 Portionen** | **€ 3,40** |
| | Kosten pro Portion | € 1,70 |

Kichererbsen (Dose) gut abschwemmen, in einer Schüssel mit gehackter Zwiebel und Tomate, Olivenöl und Zitronensaft mischen. Koriander fein hacken und ebenfalls untermischen. Salz und Pfeffer nach Belieben. Halloumi in einer Pfanne ohne Öl ca. 4-6 Minuten anbraten und dann in kleine Stücke schneiden. Ebenfalls zum Salat geben und sofort servieren.

Wer Koriandergrün nicht mag (manche behaupten, es schmeckt nach Seife!), kann auch Petersilie nehmen - ist ausserdem billiger.

# Geröstete Rote Bete & Karotten mit Feta € 1,74
✓ 2 Portionen ✓ orientalisch

660kcal pro Portion
Nährwerte: 20% Eiweiß, 61% Fett, 19% Kohlenhydrate (30,3g)

| | | |
|---|---|---|
| 330g | Rote Beete (1 Stück) | € 0,97 |
| 330g | Karotten (4-5 Stück) | € 0,38 |
| 30ml | Olivenöl (ca. 3 EL) | € 0,15 |
| **100g** | **Feta (oder 200g Feta und kein Fleisch!)** | **€ 0,62** |
| 40g | Erdnüsse, gesalzen + geröstet (Clever) | € 0,16 |
| 100g | Hühnerfilet (50% Rabatt) | € 0,63 |
| 10ml | Sonnenblumenöl zum Anbraten | € 0,03 |
| 40g | Joghurt (ca. 3 EL) | € 0,05 |
| 10g | Tahin (Sesam-Mus (1 TL) | € 0,19 |
| Cumin, Koriander, Salz, Zitronensaft, Pfeffer | | € 0,30 |
| | **Gesamt: 2 Portionen** | **€ 3,49** |
| | Kosten pro Portion | € 1,74 |

Rote Beete schälen, in Scheiben schneiden und dann vierteln, Karotten waschen, putzen und in mundgerechte Stücke schneiden. Mit Kreuzkümmel (Cumin), Koriander und Olivenöl in einer Pfanne vermischen und bei 180 Grad zum Rösten ins Backrohr schieben. Nach ca. 40-50 Minuten den zerbröstelten Feta drüber streuen und weitere 10-15 Minuten backen. Erdnüsse und grüne Petersilie drüber streuen, wenn vorhanden. Dazu Tahini-Dip: Joghurt, Tahin, Zitronensaft, Salz und Pfeffer gut verrühren.

# Griechischer Bauernsalat € 1,98
✓ vegetarisch ✓ Low Carb ✓ schnelle Küche

491kcal pro Portion
Nährwerte: 16% Eiweiß, 70% Fett, 14% Kohlenhydrate (16,2g)

| | | |
|---|---|---|
| 200g | Gurke (eine halbe) | € 0,40 |
| 240g | Tomate (2 Stück) | € 0,53 |
| 45g | Zwiebel (ein halbes Stück) | € 0,27 |
| 70g | Feta | € 0,43 |
| 20g | Oliven | € 0,12 |
| 20ml | Olivenöl (ca. 2 EL) | € 0,10 |
| 20ml | Aceto (ca. 2 EL) | € 0,12 |
| | Salz (ev. Kräuter der Provence) | € 0,02 |
| | **Gesamt: 1 Portion = Kosten** | **€ 1,98** |

Zugegeben, es ist nicht das billigste Essen, aber es ist noch im Rahmen. Andererseits ist ein Sommer ohne den Griechischen Bauernsalat einfach undenkbar! Dazu braucht es meiner Meinung auch kein Brot und somit ist dieser Salat eine perfekte Low Carb Mahlzeit.

Kochanleitung braucht es wohl auch keine, denn dieser Salat ist selbsterklärend: alles mundgerecht schneiden und in eine Schüssel geben, marinieren und salzen. Fertig.

## Zucchini-Gratin mit Petersil-Kartoffeln € 1,30
✓ vegetarisch  ✓ einfach

541kcal pro Portion
Nährwerte: 22% Eiweiß, 57% Fett, 21% Kohlenhydrate (27,7g)

| | | |
|---|---|---|
| 190g | Zucchini (Bio!) | € 0,52 |
| 80g | Emmentaler, gerieben | € 0,44 |
| 150g | Kartoffeln | € 0,15 |
| 10g | Butter | € 0,05 |
| | frische Petersilie | € 0,10 |
| | Paprikapulver, Salz und Pfeffer | € 0,05 |
| | **Gesamt: 1 Portion = Kosten** | **€ 1,30** |

Kartoffeln in der Schale kochen (gerne etwas mehr, man kann sie gut am nächsten Tag kurz braten). Zucchini raspeln und mit geriebenem Käse vermischen. Mit Paprikapulver (edelsüß), Salz und Pfeffer würzen und ca. 20-30 Minuten im Backrohr bei 180 Grad überbacken. Das Gratin schmeckt sehr saftig, weil Zucchini viel Wasser enthalten.
Die gekochten Kartoffeln schälen. Butter in einer Pfanne erhitzen, gehackte Petersilie dazu, etwas salzen und die halbierten Kartoffeln darin schwenken.

Natürlich gibt es Zucchini bereits ab 99ct. das Kilo, aber die kommen aus Spanien! Heimische Bio-Zucchini kosten ca. 2,72 Euro das Kilo. Meist werden sie stückweise verkauft. Am besten sind natürlich die Gratis-Zucchini von der Nachbarin ;)

## Einkaufstipp Kohlenhydrate: Reis ist am billigsten
Gutes (Bio-) Brot ist teuer - aber es gibt viele Alternativen!

## Getreide-Produkte – Grundregeln für den Einkauf
- ± 50g pro Portion und Mahlzeit reichen völlig aus, egal ob Reis, Hirse oder Linsen
- Kartoffeln und Nudeln braucht man deutlich mehr, 100-200g pro Mahlzeit
- Abwechslung heißt die Devise. Und es darf auch Bio sein.

| Preis/Kg | Nahrungsmittel | pro Mahlzeit | | Geschäft |
|---|---|---|---|---|
| € 1,29 | Reis (Langkorn) Billa Eigenmarke | € 0,06 | 50g | Billa |
| € 1,79 | Polenta (Mais), 500g Packung | € 0,11 | 60g | Billa |
| € 1,79 | Bulgur | € 0,05 | 50g | Türke |
| € 0,98 | Penne oder Spagetti, Clever | € 0,12 | 125g | Billa |
| € 3,10 | Rote Linsen, Sera (900g Pkg) | € 0,16 | 50g | Billa |
| € 3,18 | Couscous (500g Pkg) | € 0,16 | 50g | Billa |
| € 3,19 | Hirse, Bio (1kg Pkg) | € 0,16 | 50g | Billa |
| € 2,58 | Haferflocken, Bio (500g Pkg) | € 0,21 | 80g | Hofer |
| € 3,58 | Polenta (Mais), Bio (500g Pkg) | € 0,21 | 60g | Spar |
| € 4,98 | Buchweizen, Bio Alnatura (500g Pkg) | € 0,25 | 50g | Billa |
| € 1,33 | Kartoffeln, Bio (1,5kg Pkg zu € 1,99) | € 0,27 | 200g | Hofer |
| € 3,04 | Dinkel Spirelli, Wolf, 500g (15% Rabatt) | € 0,30 | 100g | Merkur |
| € 3,30 | Kichererbsen (300g Dose) Billa | € 0,40 | 120g | Billa |
| € 4,58 | Brot, Bio Kärntnerbrot (850g zu € 3,89) | € 0,41 | 90g | Billa |

## Süßes - für die Nerven ;)
Geht sich das noch aus? - Aber klar doch!

Auch den süßen Gusto wollen wir befriedigen. Geht sich das überhaupt aus? Ja, einen Apfel bekomt man um 10ct., die selbst gebackenen Schokomuffins kosten 21ct. das Stück. Nach oben gibt es wie immer keine Grenzen. Aber wir sind hier bescheiden.

Nun, manchmal reicht schon ein Stück Schokolade, eine Tasse Kakao oder ein Stück Obst, um das persönliche Wohlbefinden wieder herzustellen. Dann wiederum will man es schon ein bisschen anspruchsvoller. Und zu teuer darf es auch nicht sein.

Nachspeisen oder süße Snacks für zwischendurch sollten bei einem Kostensatz von bis zu 50ct im Menüplan machbar sein. Aber es gibt auch die Variante mit einer Suppe vorne weg und einer süßen Hauptspeise - insbesondere dann, wenn das Frühstück salzig war. Oder eben mal die Ausnahme, sonst wird man mit der Zeit sauer.

In diesem Buch habe ich nur ein paar Rezepte als Anregung angeführt. Natürlich kann man auch Obstsalat, ein Fruchtjoghurt oder ein Smoothie bereiten und geniessen. Manche sind mit einem Grießkoch glücklich oder stehen auf Apfelkompott. Auch Milchreis und Pudding sind günstige Alternativen, wenn Abwechslung das Programm heisst...

# Schoko Muffins € 0,21
✓ 10 Stück  ✓ einfach  ✓ sehr schoko-intensiv

174kcal pro Portion
Nährstoffe: 7% Eiweiß, 58% Fett, 33% Kohlenhydrate (14,2g), 1% Alkohol

| | | | |
|---|---|---|---|
| 2 | Eier, Bio | € 0,70 | Eigelb und Klar trennen. |
| 80g | Butter, Clever | € 0,43 | Schnee schlagen. |
| 50g | Zucker | € 0,05 | Schoko mit Wasser und Rum erhitzen |
| 80g | Kochschokolade | € 0,24 | Butter schaumig rühren, Ei und Zucker dazu |
| 60g | Dinkelmehl | € 0,13 | und alles zusammen rühren. |
| 15g | Mandeln, gerieben | € 0,19 | Die trockenen Zutaten untermischen. |
| 10g | Kokosraspeln (ca. 1 EL) | € 0,05 | Dann die flüssige Schokolade und zuletzt |
| 1 Msp. | Backpulver (Prise) | € 0,02 | den Schnee unterheben. |
| 10ml | Rum | € 0,08 | In Backförmchen füllen und bei 170° bei |
| 10 | Backförmchen | € 0,25 | Heißluft ca. 25-30 Minuten backen. |
| | **Gesamt: 10 Portionen** | **€ 2,14** | Stichprobe mit einer Nadel: wenn kein Teig |
| | **Kosten pro Portion** | **€ 0,21** | mehr kleben bleibt, sind die Muffins fertig. |

Kleine Mengen sind angesagt: Früher nahm man 6 Eier für einen Kuchen, heute nimmt man 2 Eier für ein paar Muffins. Im Internet (z.B. www.chefkoch.de) gibt es auch Rezepte für ca. 6 Muffins. Selbst backen ist am billigsten! Ein Brioche Kipferl kostet € 1,08!!!

## Schnee-Omelett mit Marmelade ab € 0,56 (ohne Obers)
✓ schnell  ✓ einfach

420kcal pro Portion
Nährstoffe: 10% Eiweiß, 45% Fett, 45% Kohlenhydrate (46,3g)

| | | |
|---|---|---|
| 1 | Ei | € 0,35 |
| 25g | Dinkelmehl (2 EL), Bio | € 0,06 |
| 10g | Butter | € 0,05 |
| 20g | Zucker | € 0,02 |
| 20g | Marmelade (nach Wahl) | € 0,07 |
| 20g | Schlagobers | € 0,07 |
| | **Gesamt: 1 Portion = Kosten** | € 0,63 |

Schneeomeletts liebe ich deshalb, weil sie ganz schnell gehen und doch ein bisschen wie Kuchen schmecken (im Gegensatz zu Palatschinken).
Das Ei trennen und vom Eiklar Schnee schlagen. Dotter und Zucker einrühren und zum Schluss das Mehl unterheben. Butter in der Pfanne schmelzen und den Teig eingießen. Wenn im Teig kleine Blasen aufsteigen, das Omelett wenden. Sobald es goldbraun ist, auf einen Teller kippen, mit Marmelade bestreichen und zusammenklappen. Man kann nach Wunsch mit etwas Schlagobers garnieren und noch etwas Marmelade obendrauf. Lässt man das Obers weg, kommt man mit 56ct. aus.

## Zaletti aus Maismehl mit Schoko € 0,35 pro Portion / 9ct je Stück
✓ 20 Stück ✓ glutenarm ✓ einfach

1695 kcal gesamt / 85kcal pro Keks
5% Eiweiß, 33% Fett, 59% Kohlenhydrate (12,2g), 3% Alkohol

| | | |
|---|---|---|
| 120g | Maismehl, Bio | € 0,43 |
| 50g | Weizenmehl | € 0,07 |
| 3g | Backpulver, 1 Prise Salz | € 0,08 |
| 60g | Zucker | € 0,06 |
| 10ml | Milch | € 0,01 |
| 50g | Butter | € 0,25 |
| 3g | Zitronenschale (1/2 Pkg) | € 0,17 |
| 40g | Rosinen | € 0,27 |
| 50g | Kochschokolade | € 0,15 |
| 20ml | Rum (2 EL) | € 0,26 |

**Gesamt 20 Stück = 5 Portionen € 1,75**
Kosten pro Portion (je 4 Stück) € 0,35

Rosinen hacken und in Rum einweichen. Butter und Schoko schmelzen. Alle Zutaten zu einem glatten Teig kneten (wie Mürbteig). Kalt stellen. Dann 4 Rollen formen und je 5 Scheiben abschneiden und aufs Blech legen. Ca. 15 Minuten bei 180 Grad backen. Original-Zaletti sind ohne Schoko und die Form wie kleine Zylinder. Wusste ich nicht. Schmecken besser erst am nächsten Tag und halten sehr lange. Ideal zum Kaffee!

# American Bread-Pudding mit Apfel € 0,73

✓ 2 Portionen ✓ vegetarisch ✓ einfach, aber zeitaufwändig

468kcal pro Person
Nährwerte: 15% Eiweiß, 35% Fett, 50% Kohlenhydrate (55,0g)

| | | |
|---|---|---|
| 130g | Toastbrot (3-4 Scheiben) | € 0,15 |
| 20g | Butter | € 0,11 |
| 110g | Eier (2 Stück) | € 0,70 |
| 20g | Zucker | € 0,02 |
| 120g | Apfel (1 Stück) - optional | € 0,12 |
| 250ml | Milch | € 0,27 |
| | Zimt, Vanille | € 0,08 |
| | **Gesamt: 2 Portionen** | **€ 1,45** |
| | Kosten pro Portion | € 0,73 |

Das Toastbrot (oder altes Weißbrot) in Stücke schneiden und in eine Auflaufform geben. Mit zerlassener Butter übergießen. Apfel schälen und raspeln und unter mischen. Eier mit Zucker, Milch und Gewürzen gut mixen und dann über die Toast-Apfelmischung gießen. In das vorgeheizte Backrohr schieben und bei 180° ca. 45 Minuten backen. - Bread-Pudding kann pur oder wahlweise mit Apfel oder Rosinen gebacken werden. Hierzulande ist dieser Auflauf als Scheiterhaufen bekannt. - In den USA wurde er zum Frühstück serviert. Zusammen mit einer Vorspeise auch als Hauptmahlzeit geeignet oder in kleineren Portionen als Dessert.

# Bratapfel in der Pfanne € 0,46
✓ vegetarisch oder vegan  ✓ einfach  ✓ wärmend

711kcal pro Portion
Nährstoffe: 16% Eiweiß, 39% Fett, 45% Kohlenhydrate (78,0g)

| | | |
|---|---|---|
| 120g | Apfel, Wunderling (1 St.) | € 0,11 |
| 10g | Butter, Clever (alternativ: Margarine) | € 0,05 |
| 20g | Marmelade (Hofer) | € 0,07 |
| 10g | Mandeln, gerieben | € 0,13 |
| 10g | Zucker | € 0,01 |
| 20ml | Rotwein | € 0,08 |
| | **Gesamt: 1 Portion = Kosten** | **€ 0,46** |

Apfel halbieren und das Kerngehäuse ausschneiden. Zucker in der Pfanne karamellisieren (in der Hitze schmelzen) und mit etwas Rum (oder Rotwein) ablöschen. Apfelhälften mit der Schnittfläche nach unten in die Pfanne legen und anbraten. Wenden und das Loch des Kerngehäuses mit geriebenen Mandeln und Ribiselmarmelade füllen. Die Pfanne zudecken und bei schwacher Hitze garen, bis die Äpfel weich sind. Tipp für Veganerinnen: einfach Margarine verwenden.
Ideal für Single-Haushalte, weil man nicht das ganze Backrohr aufheizen muss, um gerade mal ein bis zwei Äpfel zu braten. Tipp: Zimt drüber streuen.

## Tipps für Schoko-Monster

✓ Dunkle Schokolade mit weniger Zucker bevorzugen!

Teuer ist nicht immer besser!
Mein Testsieger unter den dunklen Schokoladen ist J.D.Gross Ecuador Orange von Lidl.

| Marke | % Kakao | g Zucker | € je 100g | mit Rabatt |
|---|---|---|---|---|
| Suchard Sensations Noir 70% | 70% | 29,5g | € 1,99 | € 1,49 |
| Lindt Excellence Orange Intense | 48% | 42,0g | € 1,99 | € 1,49 |
| Ritter Sport Edelbitter 7 | 3% | 23,0g | € 1,39 | € 0,99 |
| **J.D. Gross Ecuador Orange (Lidl)** | **70%** | **31,4g** | **€ 1,19** | **€ 1,19** |
| Lindt Excellene 85% Kakao | 85% | 12,0g | € 2,20 | € 1,65 |
| Lindt Excellene 99% Kakao | 99% | 2,0g | € 2,20 | € 1,65 |

Wenn schon Schokolade, dann dunkle! Warum? Weil dunkle Schokolade den Heißhunger und die Gier nach mehr zügelt. Bitterschokolade sättigt rascher als Milchschokolade. Außerdem haben die im Kakao enthaltenen Flavanole positiven Einfluss auf die Gesundheit. Forscher gehen davon aus, dass Flavanole für positive Auswirkungen auf Herz und Blutdruck sorgen. Je höher der Kakaoanteil, desto gesünder. Empfehlenswert sind daher Zartbittervarianten mit einem Kakaoanteil von mindestens 70 Prozent. Mit ein bis zwei Stück Schokolade pro Tag (ideal bis zu 10g) kann man den süßen Hunger gut stillen. Auf den Zuckergehalt sollte man trotzdem achten.

## Tiramisu, klassisch € 0,40
✓ 4 Portionen ✓ einfach ✓ kalorienreich

300 kcal pro Portion
Nährstoffe: 12% Eiweiß, 49% Fett, 37% Kohlenhydrate (27,3g), 2% Alkohol

| | | |
|---|---|---|
| 125g | Mascarino | € 0,56 |
| 1 | Ei (Bio) | € 0,35 |
| 15g | Zucker (1 EL) | € 0,01 |
| 100g | Biskotten | € 0,45 |
| | 2 Espresso, 1 EL Rum | € 0,20 |
| | Kakaopulver zum Bestreuen | € 0,03 |
| | **Gesamt: 4 Portionen** | **€ 1,61** |
| | Kosten pro Portion | € 0,40 |

Das Ei trennen. Vom Eiklar mit der Hälfte des Zuckers Schnee schlagen. Dotter und die andere Hälfte des Zuckers cremig rühren und den Mascarino einrühren. Ev. ein bisschen Zitronenschale dazu.

Biskotten in kaltem Espresso-Rum-Gemisch tränken und in ein rechteckiges Gefäß (z.B. Plastikdose) schichten, sodass der Boden bedeckt ist. Dann mit Mascarinomasse bestreichen und den Vorgang wiederholen. Anschließend mit Kakaopulver (Bensdorp) mit Hilfe eines Siebs bestreuen und ein paar Stunden im Kühlschrank kalt stellen.

Ein üppiges Dessert für Festtage, das für vier Portionen reicht.

## Bananenschaum mit Orange € 0,47
✓ 2 Portionen  ✓ einfach  ✓ schnell

207 kcal pro Portion
Nährwerte: 6% Eiweiß, 44% Fett, 50% Kohlenhydrate (24,1g)

| | | |
|---|---|---|
| 130g | Banane (1 Stück) | € 0,28 |
| 30g | Joghurt | € 0,03 |
| 50g | Schlagobers | € 0,17 |
| 3g | Vanillezucker (1/2 Päckchen) | € 0,17 |
| 145g | Orange (1 Stück) | € 0,30 |
| | **Gesamt: 2 Portionen** | **€ 0,95** |
| | Kosten pro Portion | € 0,47 |

Schlagobers steif schlagen. Banane mit Joghurt und Vanillezucker mit dem Pürierstab mixen (ev. 1 EL Wasser dazugeben). Orange schälen und in kleine Stücke schneiden. Alle Zutaten vermischen und in Dessertschalen anrichten.

Natürlich kann man auch auf den Vanillezucker verzichten, da sowohl Bananen als auch Orangen über natürliche Süße verfügen. Jedenfalls ist Bananenschaum ein Grundrezept für kleine Mengen, das in vielen Variationen möglich ist - je nach vorhandenem Obst mit Beeren, Trauben - oder auch Nüssen.

# Grießflammerie € 0,47
✓ 2 Portionen ✓ schnell ✓ einfach

265kcal pro Portion
Nährwerte: 17% Eiweiß, 16% Fett, 67% Kohlenhydrate (43,1g)

| | | |
|---|---|---|
| 250ml | Milch | € 0,27 |
| 60g | Grieß | € 0,09 |
| 30g | Zucker | € 0,03 |
| 55g | Ei (1 Stück, mittelgroß) | € 0,35 |
| 1/2 Pkg | Vanillezucker, Zimt | € 0,19 |
| | **Gesamt: 2 Portionen** | € 0,93 |
| | Kosten pro Portion | € 0,47 |

Milch mit Zucker und Vanillezucker aufkochen, Grieß einrühren und ca. 10 Minuten ziehen lassen. Gelegentlich dabei umrühren. Das Ei trennen und vom Eiklar Schnee schlagen. Den Eidotter in die überkühlte Masse einrühren. Am Schluss den Schnee unterheben. Die zwei Schalen mit kaltem Wasser ausspülen und dann die Masse einfüllen. Mit Zimt bestreuen.

Variationen: einen Teil vom Grieß durch geriebene Nüsse ersetzen. Mit Schlagobers, Obst oder Kompott kann man das Desser sehr einfach ein wenig „upgraden".

## Kokos-Bananen-Eis € 0,40

✓ 2 Portionen  ✓ Low Carb  ✓ einfach

320 kcal pro Portion
Nährwerte: 2% Eiweiß, 82% Fett, 15% Kohlenhydrate (11,5g)

| | | |
|---|---|---|
| 90g | Banane | € 0,18 |
| 20g | Kokosflocken (2 EL) | € 0,10 |
| 125ml | Sahne / Obers (1/2 Becher) | € 0,43 |
| 10ml | Rosenwasser (1 EL) | € 0,09 |
| | **Gesamt: 2 Portionen** | **€ 0,79** |
| | Kosten pro Portion | € 0,40 |

Die Zutaten mit einem Stabmixer oder Standmixer fein pürieren und in zwei Schalen füllen. Dann im Eiskasten mindestens zwei Stunden gefrieren.
Geschmacklich kann man anstelle oder zusätzlich zu Rosenwasser nach Verfügbarkeit und Gusto verfeinern: mit Vanille, Zitronenschale, Rum oder gar Cointreau, mit Himbeeren oder Heidelbeeren….es gibt wie immer viel Fantasie und Raum nach oben. Was es keinesfalls braucht, ist eine extra Portion Zucker!

Tipp: 30-40 Minuten vor dem Verzehr herausnehmen, weil es wegen des geringen Zuckergehalts nicht so cremig ist.

## Matcha Chai mit Honig € 0,54
✓ vegetarisch  ✓ einfach

Meine Lieblingsvariante:

| | | |
|---|---|---|
| 3g | Matcha Pulver | € 0,30 |
| 25g | Schlagobers | € 0,09 |
| 25g | Honig (1 EL) | € 0,15 |
| 250ml | Heißes Wasser (gekocht, abgekühlt) | € 0,00 |
| | **Gesamt: 1 Portion = Kosten** | **€ 0,54** |

Matcha, der gemahlene Grüntee aus Japan, ist neuerdings das Trendgetränk schlechthin. Er gilt als Muntermacher und wirkt sehr gesundheitsfördernd und wird heutzutage überall reingemischt: in Smoothies, Kuchen, Limonaden, Desserts oder schlicht als Chai-Variante. In Japan ist auch Matcha-Eiscreme sehr beliebt.

Die Preise variieren gewaltig und natürlich auch die Qualität. Zu den günstigsten Angeboten zählt der Zen-Matcha bei amazon in Bio-Qualität um € 10,90 per 100g. (Bis vor kurzem noch € 9,90!) Natürlich gibt es auch Angebote, die fast das Dreifache kosten. Für mein Rezept reicht aber eine billige Sorte völlig.

Eine tolle Alternative zu Kaffee!

## Einkaufen und Haushalten mit 5 Euro pro Tag

Gleich vorweg: es geht sich aus. Man kann abwechslungsreich, gesund und teilweise sogar in Bio-Qualität kochen und essen. Aber es gibt ein paar Regeln zu beachten.

1. Grundsätzlich alle Rabatte ausnutzen. Man wird zum echten Lebensmittel-Schnäppchenjäger! Man kennt alle Preise und registriert jede Preiserhöhung.
2. Es braucht eine Mischung aus Planung und Spontaneität. Wenn der frische Fisch um 50% zu haben ist, gibt es heute Fisch. Ansonsten gibt es Feta oder Tofu im Kühlschrank, um etwas zu zaubern.
3. Gegessen wird zu Hause.
4. Entscheide, wo Bio-Qualität sein muss: bei mir ist es Rohmilch oder nichthomogenisierte Bio-Milch, Eier, Kartoffeln, Tofu, Hirse. Besonders Milch, Eier und Kartoffeln esse ich nun mal gerne und viel. Bio ist bei diesen Produkten auch erschwinglich.
5. Fleisch, Geflügel und Fisch geht sich bei diesem Budget in Bio-Qualität kaum aus. Wer es ernst nimmt, muss VegetarierIn werden.
6. Käse: nach Möglichkeit Rohmilchkäse bevorzugen, auch wenn er nicht Bio ist.
7. Gemüse ist meist am billigsten, wenn es regional und saisonal ist.
8. Auf Genussmittel muss man nicht gänzlich verzichten: Auch Süßes gibt es mit Rabatt-Aktionen, Wein und Getränke ebenso. Für mich ist es ab und zu eine Flasche Rioja und dunkle Schokolade. Und natürlich sind es dann nicht die teuren Weine....
9. Dosen und Fertiggerichte werden in den Speiseplan integriert, teilweise schon aus Zeitgründen. Tomaten und Bohnen aus der Dose, ab und zu die Selchfleischknödel - das ist schon ok. Wer unbedingt auf Fertigpizza steht, sollte zumindest einen frischen Salat dazu essen. Und nicht öfter als eine Mahlzeit pro Woche mit Fertigspeisen bestreiten.
10. Disziplin ist alles! - Disziplin, Disziplin, Disziplin.

## Das Monatsbudget im Detail

| Gewicht | Nahrungsmittel | Kosten | % |
|---|---|---|---|
| | Brot, Gebäck, Getreide | € 6,28 | 4% |
| 4,5kg | Kartoffeln, Bio | € 5,97 | 4% |
| | **Summe Kohlenhydrate-Lieferanten** | **€ 12,25** | **8%** |
| | | | |
| 2,29kg | Fisch, Fleisch, Geflügel | € 16,10 | 11% |
| 600g | Tofu, Bio (2 Pkg) | € 2,98 | 2% |
| 20 Stück | Eier, Bio (2 Pkg) | € 6,78 | 5% |
| | Milch u. Milchprodukte | € 38,86 | 26% |
| | **Summe Eiweiß-Lieferanten** | **€ 64,72** | **43%** |
| | | | |
| | Obst, Gemüse, frisch | € 10,83 | 7% |
| | Obst, Gemüse Tiefkühl+Sauerkraut | € 8,69 | 6% |
| | **Summe Obst & Gemüse** | **€ 19,52** | **13%** |
| | | | |
| | Essig, Öl, Gewürze | € 15,29 | 10% |
| | Dosen (Bohnen, Tomaten) | € 2,14 | 1% |
| | Fertiggerichte | € 5,82 | 4% |
| | **Summe Gewürze, Dosen…** | **€ 23,25** | **15%** |
| | | | |
| | Süßes (Schoko, Marmelade) | € 10,02 | 7% |
| 200g | Nüsse & Samen | € 2,54 | 2% |
| | Tee, Kaffee (500g), Kakao (125g) | € 8,14 | 5% |
| | Getränke (Saft, Wein) | € 10,21 | 7% |
| | **Summe Genussmittel** | **€ 30,91** | **21%** |
| | | | |
| | **Gesamt Monatssumme** | **€ 150,65** | |

## Rezept-Verzeichnis, alphabetisch

| Seite | Rezepte |
|---|---|
| 93 | Bratapfel in der Pfanne |
| 60 | Bröselkarfiol mit Kartoffeln und Feta |
| 77 | Buchweizen-Bratlinge mit Gurken-Joghurt Sauce |
| 82 | Bulgur mit gerösteten Karotten, Minze und Feta |
| 54 | Bulgursalat (Taboulé) mit Putenstreifen |
| 46 | Champignonreis mit Hühnergeschnetzeltem |
| 56 | Chili mit Banane und Mandeln |
| 26 | Coleslaw (amerikanischer Krautsalat) |
| 74 | Curry-Kartoffeln in Tomatensoße und Beluga-Salat |
| 71 | Dinkelspiralen mit Österkron und Zucchini |
| 63 | Eier-Curry mit Kartoffeln und Blattsalat |
| 81 | Erdäpfel-Fisolengulasch mit Tofu |
| 68 | Erdäpfelschmarrn mit Spinat und Spiegelei |
| 57 | Essigwurst oder Schweizer Wurstsalat |
| 78 | Fenchel nepalesisch mit Mozzarella |
| 51 | Fettuccini mit Pute und Brokkoli in Orangencreme |
| 18 | Fischfilet mit Kartoffelpüree und Erbsen |
| 23 | Fischpfanne mit Reis |
| 22 | Fisch-Tomatensugo auf Dinkelnudeln |
| 28 | Fleischlaibchen mit Kartoffelpüree und Blattsalat |
| 48 | Französisches Huhn mit Rotwein und Weißbrot |
| 31 | Frühkraut Curry mit Schweinsnuss-Streifen |
| 13 | Frühstück mit Ei und Leinöl-Topfen |
| 52 | Gänsefilet mit Blaukraut und Kartoffeln |
| 50 | Gebratene Chinesische Nudeln mit Huhn |
| 42 | Gekochtes Rindfleisch |
| 84 | Geröstete Rote Bete & Karotten mit Feta |
| 67 | Geschmorter Kürbis mit Feta |
| 12 | Granola Knusper-Müsli |

| | |
|---|---|
| 85 | Griechischer Bauernsalat |
| 97 | Grießflammerie |
| 39 | Hackfleischpfanne mit Minze |
| 69 | Halloumi mit gerührter Polenta und Champignons |
| 8 | Hirsefrühstück |
| 70 | Hirsotto mit Käse und Chinakohlgemüse |
| 49 | Huhn mit geröstetem Karfiol, Mandeln und Tahini-Dip |
| 47 | Hühnerbrust, kreolisch mit Reis und Salat |
| 33 | Irish Stew, falscher |
| 9 | Joghurt-Samen-Frühstück |
| 62 | Karfiol-Curry mit roten Linsen und Bio-Tofu |
| 61 | Karfiol-Käse Gratin |
| 27 | Karibische Schmorpfanne mit Süßkartoffeln |
| 41 | Katschamak mit Spiegelei und Speck |
| 83 | Kichererbsen-Halloumi Salat |
| 29 | Kokos Curry vom Schwein mit Reis |
| 98 | Kokos-Bananen-Eis |
| 36 | Krautauflauf mit Faschiertem und Kartoffeln |
| 20 | Lachspfanne mit Chinakohl und Linsenreis |
| 45 | Leberknödelsuppe |
| 72 | Letscho - Variationen |
| 76 | Linsensuppe |
| 99 | Matcha Chai mit Honig |
| 24 | Naturschnitzel (Schwein) mit Blaukraut und Erdäpfel |
| 19 | Paella mit Meeresfrüchten und Fisch |
| 55 | Persische Fleischbällchen |
| 21 | Persischer Fischeintopf |
| 75 | Persischer Linsen-Dip mit Feta und Roggenbrot |
| 30 | Pilaw mit Schweinefleisch und Korinthen |
| 79 | Pilz-Tofu Stroganoff |

| | |
|---|---|
| 32 | Rindfleisch Curry Eintopf |
| 40 | Rindsgulasch mit Semmelknödel und Rotkrautsalat |
| 14 | Rührei mit Reis |
| 14 | Rührtofu |
| 90 | Schnee-Omelett mit Marmelade |
| 89 | Schoko-Muffins |
| 25 | Schweinskarree mit Erdäpfelschmarrn |
| 95 | Tiramisu |
| 65 | Tofu mit Kraut und Linsenreis |
| 64 | Tofu-Gemüse in Erdnuss-Soße mit Reis |
| 45 | Topfenknödel |
| 66 | Veganes Chili mit Aubergine und Süßkartoffel |
| 38 | Weißer Bohnen-Eintopf mit Kartoffelschmarrn |
| 44 | Wurstknödel mit Sauerkraut |
| 91 | Zaletti aus Maismehl mit Schoko |
| 80 | Zitronen Fenchel-Risotto |
| 86 | Zucchini Gratin mit Petersil-Kartoffel |

## Schluss-Gedanken

Vielleicht haben Sie ebenso experimentiert wie ich und haben den Spass am Kochen und die sinnliche Freude am Essen neu entdeckt. Zugegeben, ich habe nicht immer das Budget eingehalten. Sobald die Disziplin nachgelassen hat, war ich schon drüber. Aber ich lebe heute deutlich achtsamer und preisbewusster als früher - dafür aber mit dem Bewusstsein, dass es mir an nichts fehlt. Dieses Bewusstsein möchte ich gerne weitergeben.

Mehr Infos auf meinem Food-Blog:
https://lupiniblog.wordpress.com/